목차

① 역사 지식
어렵지만 알아야 해!
역사, 어디까지 알고 있니? …10

→ 써에이스쇼·퍄퍄킹 역사·지식해적단

② 스톱 모션
장난감으로 먹방을 한다고?
이어 만드는 영상, 스톱 모션! …16

← tomosteen·w motion·셀프어쿠스틱

③ 애니메이션
요즘 이거 모르면 안 된다며?
그래서 넌 누구 거 봐? …24

→ 총몇명·소맥거핀·계향쓰

④ 뮤직비디오
어? 이 캐릭터,
다른 뮤직비디오에서도
본 것 같은데? …32

⑤ 이색 만들기
이걸 이렇게 만들어?
평범함을 거부하는 채널 …36

→ 네모아저씨·펜 케이·사나고

⑥ 킬링 타임
심심할 땐?
이걸 한번 봐봐! …44

→ 타임스낵·유머스낵·빠퀴·빠퀴2tv

유튜브 중간평가 ① …50

⑦ 유튜브 크리에이터
같이 만들어 내는 콘텐츠,
유튜브 크리에이터 그룹 …54

→ PIXELY·웃소·이세계아이돌

⑧ 클레이 장인
조물조물, 어느새 작품 완성!
클레이 크리에이터 채널 …62

→ 몽중다과·띠부·쪼물쪼물 클레이

⑨ 공부와 학교
공부가 싫어?
이거 보면 달라질걸? …68

> 공부왕찐천재 홍진경 · 공부방찐천재 · 입시덕후

⑩ 놀이와 과학 실험
궁금한 게 있어?
직접 알아볼 수 없다면! …74

> 허팝 · 코코보라 · 긱블

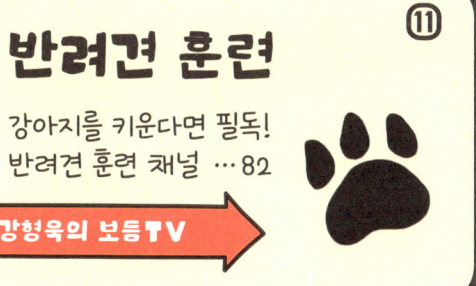

⑪ 반려견 훈련
강아지를 키운다면 필독!
반려견 훈련 채널 …82

> 강형욱의 보듬TV

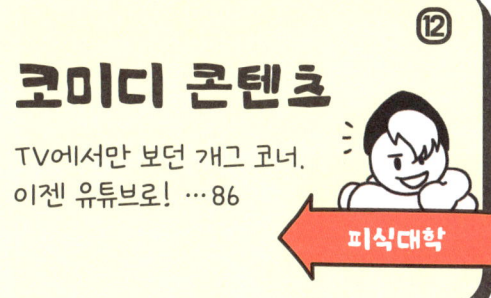

⑫ 코미디 콘텐츠
TV에서만 보던 개그 코너.
이젠 유튜브로! …86

> 피식대학

유튜브 중간평가
② …90

⑬ ASMR
귀가 간질간질~
ASMR 콘텐츠 채널 …94

> Jane ASMR · 이궁상 · Vito ASMR · 꿀꿀선아

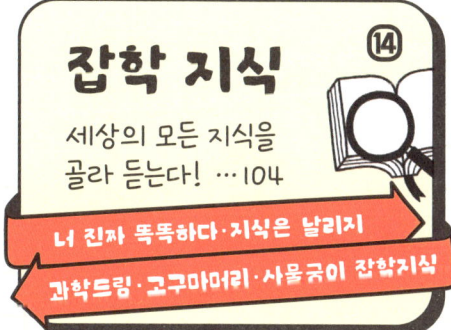

⑭ 잡학 지식
세상의 모든 지식을
골라 듣는다! …104

> 너 진짜 똑똑하다 · 지식은 날리지
> 과학드림 · 고구마머리 · 사물궁이 잡학지식

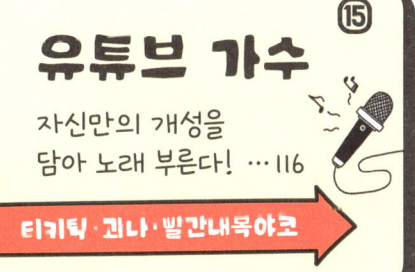

⑮ 유튜브 가수
자신만의 개성을
담아 노래 부른다! …116

> 티키틱 · 괴나 · 빨간내복야코

유튜브 중간평가
③ …124

등장인물 소개

코코
갑자기 나타난 유튜브 캐릭터. 친구들에게 여러 유튜브 채널을 소개해 준다.

한송희
태울초 2학년. 지균의 옆자리 친구. 지균을 한심하게 본다. 얼떨결에 같이 코코의 설명을 듣는다.

김지균
태울초 2학년. 수업 시간에도 몰래 유튜브를 볼만큼 유튜브를 좋아한다. 코코가 나타나면서 많은 유튜브 채널에 대해 알게 된다.

정석준
태울초 2학년. 지균과 죽이 잘 맞는 친구. 먹는 걸 좋아해서 주로 먹방 채널을 즐겨 본다.

어떤 유튜버들이 소개되었는지 미리 구경해 볼까?

유튜버 미리보기

역사 지식

써에이스쇼·퍄퍄킴 역사·지식해적단

스톱 모션

tomosteen·w motion·셀프어쿠스틱

애니메이션

총몇명·소맥거핀·계향쓰

뮤직비디오

람다람

이색 만들기

네모아저씨·팬 케이·사나고

킬링 타임

타임스낵·유머스낵·빠퀴·빠퀴2tv

장쭌 TV · 각별 · 공룡 · 수현 · 라더

웃소 Wootso

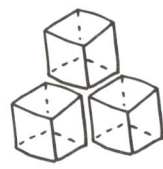

PIXELY, 웃소, 이세계 아이돌은

하나의 소재를 목적으로 모여든 유튜브 크리에이터들이야!

아이네 · 징버거 · 릴파 · 주르르 · 고세구 · 비챤

몽중다과 · 띠부 · 쪼물쪼물 클레이

공부왕진천재 홍진경 · 공부방진천재 · 입시덕후

허팝 · 코코보라 · 긱블

반려견 훈련
강형욱의 보듬TV

ASMR
Jane ASMR · 이공삼 · Vito ASMR · 꿀꿀선아

코미디 콘텐츠
피식대학 Psick Univ

잡학 지식
너 진짜 똑똑하다 · 지식은 날리지
과학드림 · 고구마머리 · 사물궁이 잡학지식

이렇게나 많은 유튜버가 소개되어 있다고?!

유튜브 가수
티키틱 · 과나 · 빨간내복야코

우와! 진짜 많다!

그럼 이제 미키보기에서 만나 본 유튜버들에 대해 더 자세히 알아보러 가 볼까?

아 맞다! 이것까지 알고 가자!
유튜브 시청, 올바르게 하는 법

요즘 허리도 아프고, 눈도 뻑뻑한 거 같아...

너 요즘 안좋은 자세로 유튜브 너무 많이 봐서 그런 거 아니야?

유튜브 채널만 소개할 게 아니라, 올바른 유튜브 시청 방법에 대해서도 알려 줘야겠네! 먼저 올바른 자세부터 알아보자!

유튜브를 시청하는 올바른 자세는?

아래 글을 읽고 너희가 유튜브 볼 때의 자세와 같은지 확인해 봐!

- ☐ 모니터가 눈높이보다 살짝 아래에 있다.
- ☐ 허리가 의자 등받이에 닿아 있다.
- ☐ 팔은 조금 완만한 각도(70도에서 135도 사이)로 책상 위에 올라와 있다.
- ☐ 무릎은 바닥을 기준으로 직각 또는 앞으로 살짝 튀어나와 있다.
- ☐ 발이 바닥에 닿아 있다.

⬅ 컴퓨터로 시청하는 경우

- ☐ 고개가 숙여지지 않게 스마트폰을 눈높이까지 들어서 본다.
- ☐ 화면과 눈 사이 거리가 30cm 이상 떨어져 있다.
- ☐ 한 손으로 스마트폰을 들고 다른 손으로 턱을 받치지 않는다.
- ☐ 걸으면서 유튜브 영상을 보지 않는다.

⬅ 스마트폰으로 시청하는 경우

시간 정해 놓고 보기

재미있는 영상이 많다고 하루 종일 유튜브만 보고 있으면, 보는 당사자도 피곤하고, 부모님도 걱정하실 거야. 그러니깐 유튜브를 보기 전에, 부모님이나 어른들한테 얘기해서 유튜브 보는 시간을 미리 정해 놓고 보면 좋겠지?

← 유튜브 시청 **TIP** ①

유튜브에 있는 내용은 다 믿어도 되는 내용인 거 아니었어?

전부 다 맞는 내용은 아니니깐!

유튜브에 나온 내용이라도 무조건 다 믿으면 안 되는 거구나!

무조건 믿지 않기!

유튜브에 있는 내용이 다 맞는 내용은 아니야. 그 안에는 사람들을 속이기 위한 거짓말 영상도 분명히 있거든. 그러니까, 유튜브에 나왔다고 덥석 믿어 버리면 안 된다? 약속!

← 유튜브 시청 **TIP** ②

악플은 NO!

모두가 그런 건 아니지만, 유튜브에는 악플을 적는 사람들이 일부 있어. 그런 악플은 단순히 사람들을 상처 주기 위해 적는 나쁜 거니깐, 함부로 달아서도, 따라 해서도 안 돼.

← 유튜브 시청 **TIP** ③

이런 나쁜 악플들은 다 없어져야만 해!

댓글
%#@&! XXXX!

올바르게 유튜브 시청하는 방법까지 알아봤으니깐 이제 재미있는 유튜브 채널들을 찾아가 볼까?

역사 지식 채널

역사, 어디까지 알고 있니?

써에이스쇼 지식해적단 퍄퍄킴 역사

안녕? 나는 재밌는 유튜브 채널을 소개하기 위해 만들어진 '코코'라고 해!

'코코'? 새로 나온 인공지능 로봇인가?

어... 얘 내 유애오네... (너... 왜 내 휴대폰에...)

저런, 수업 시간이 너무 지루한 나머지 언어 기능을 상실했구나...

너 때문에 그런 거거든?!!!!!

좋았어! 그럼 내가 역사를 재밌게 알려 주는 유튜브 채널을 소개해 줄게! 중얼중얼... 나와라!!!

역사, 어디까지 알고 있어? 알아 둬야 한다는 건 알지만, 어디서부터 어떻게 시작해야 할지 모르겠다고? 그렇다면 이 세 개의 채널에 주목해 줘! 각각 다른 매력으로 역사를 흥미롭게 풀어내는 채널들이야. 지금부터 채널 소개를 들어 보고, 이 중에 네 맘에 드는 채널을 골라 봐!

짠! '써에이스쇼'! '지식해적단'! 그리고 '퍄퍄킴 역사'!!

 ## 삼국지, 임진왜란 같은 큰 사건을 풀어낸다!

삼국지, 초한지, 임진왜란... 어디선가 들어는 봤는데, 정확히 어떤 걸 말하는지 궁금하다고? 아니면 좀 더 자세히 알고 싶다고? 그런 너를 위해 준비한 채널이 바로 여기 있어! 길고 복잡할 수 있는 주제를 쉽고 직관적인 그림으로 설명해 준다! [써에이스쇼]!

평균 재생 시간: 15분 내외.
특징: 하나의 역사적 주제를 시리즈로 풀어 준다. 직관적인 그림체로 쉽게 설명한다!

써에이스쇼
sirace show
구독자 수 48.4만 명
총 조회수 82,039,194회

> 뭐? 너무 복잡해서 이해가 안 되는 역사가 있다고? 내가 그림으로 설명해 줄게!

> 이래도 이해가 안 돼? 이래도?

써에이스쇼 ▲
채널 바로 가기

이 채널은 어떤 특징을 가지고 있을까?

써에이스쇼는 보통 한 주제를 가지고 시리즈로 영상을 만들어. 역사 속 인물과 사건을 개성 가득한 그림체로 그려서 쉽게 이해할 수 있도록 말해 주는 게 이 채널의 장점이라고 할 수 있지! 인물들의 이름도 어깨에 적어 준다고!

> 보통 한 가지 주제를 가지고 20개 정도의 영상을 시리즈로 만들어. 각 영상은 15분 내외로 만들고 있지.

> 그럼, 주제 하나당 영상 하나씩 만들어서 보여 주는 거야?

> 이러면 헷갈릴 수가 없지!

> 가만있어 봐. 15 곱하기 20은 300... 한 시간은 60분이니까...

> 5시간! 꼭 그걸 손가락으로 계산해야 아니?

처음부터 5시간짜리 시리즈를 보는 게 부담스럽다면, 하루에 영상 한 편씩 봐봐. 그렇게 하루, 이틀... 일주일이 세 번 정도 지나면 어느새 한 시리즈를 다 보고 다른 시리즈를 고르고 있을걸?

 **궁금한 거? 구독과 좋아요만 눌러 주면 약탈해 줄게!**

자세히 알려 주는 것도 좋지만, 짧은 영상으로 핵심만 파악하고 싶다고? 더불어 지금 일어나는 일을 알고 싶다고? 그렇다면 이 채널에 한번 들어가 볼래? [지식해적단]!

<mark>평균 재생 시간</mark>: 15분 내외.
<mark>특징</mark>: 밈을 적극 활용한 설명 방식으로 재미를 극대화한다.

지식해적단

지식해적단 채널 바로 가기

 구독자 수 **98.3만 명**
 총 조회수 **127,289,158회**

이 채널은 어떤 특징을 가지고 있을까?

이 채널은 긴 역사 중에서 주로 근현대 때 일어난 일을 얘기하고 있어. 짧은 하나의 영상에 한 가지 주제만 다루고 있어서, 핵심을 빠르게 파악하기 좋아. 거기에 유행하는 인터넷 밈을 적재적소에 사용해서, 영상을 보는 틈틈이 재미도 느낄 수 있지.

알아야지! 알아야지!

사람이 말이야. 지금 일어나는 일을 알아야지!

다만 전쟁, 정치 같은 다소 무거운 주제들을 다루기도 하고, 가끔씩 요즘 벌어진 사건들을 다루기도 해서 가볍게 보려고 온 거라면 조금 놀랄 수 있을 거야. 뉴스를 보다가 '저 나라에서는 왜 저런 일이 벌어진 거지?' 하고 궁금증이 생긴다면, 그때 한번 들어가서 보는 걸 추천해.

뉴스에서 이런 게 나왔는데요. 여기에 대해서... 헉!

그럴 줄 알고 준비해 뒀지! 자! 가져가!

최신 이슈

 왜 고양이냐고요?
귀엽잖아요!

퍄퍄킴 역사
구독자 수 29만 명
총 조회수 83,225,143회

퍄퍄킴 역사 채널 바로 가기

좀 더 아기자기하고 귀여운 그림체를 원해? 그렇다면 이 채널은 어때? 귀여운 고양이 캐릭터로 역사를 쉽게 얘기해 주는 채널. [퍄퍄킴 역사]!

평균 재생 시간: 10분 내외.
특징: 밈을 적극 활용한 방식은 지식해적단과 비슷하지만, 고양이는 귀여우니까…

이 채널은 어떤 특징을 가지고 있을까?

이 채널은 주로 우리나라를 포함한 동아시아의 사건들을 소재로 삼아 영상을 만들고 있어. 우리나라에서 벌어진 전쟁과 군대 이야기는 물론, 중국의 전쟁사, 몽골과 일본의 역사도 두루두루 다루고 있지. 그 외 특정 주제를 다루기도 하는데, 이 채널에서 가장 높은 조회수를 보이기도 하는 영상의 주제는 바로…

'주로' 다룬다는 거지. 그것만으로 영상을 만든다는 게 아니야. 서양 역사도 다룬다고!

조회수 272만회.

'화장실의 역사 / 옛날 사람들의 분뇨 처리 방법?'이야. 중세 시대 화장실 역사에 대한 충격적이고도 흥미로운 사실을 정리한 영상이지. 그 외에도 역사에 기록된 어이없는 죽음 같은 것도 다루고 있어. 관심이 있으면 한번 찾아보는 것도 좋을 거야.

자, 이 중에 마음에 드는 채널이 있길 바라.

다 재미있을 것 같은데? 세 개 다 볼 거야!

그럼 너 공부는 언제 하려고?

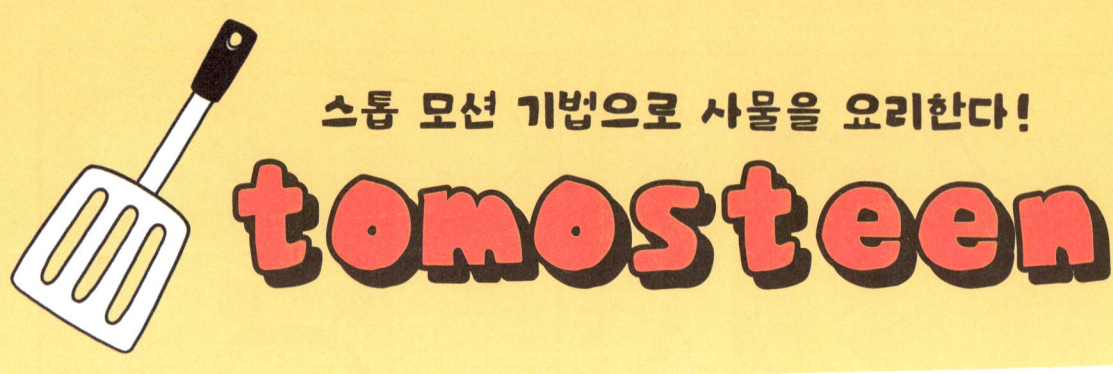

스톱 모션 기법으로 사물을 요리한다! tomosteen

[tomosteen], 간단하게 소개하자면...

총 조회수: 250,367,700회
평균 재생 시간: 5분 내외.
특징: 실제 음식이 아닌, 주사위나 레고 같은 작은 사물들을 이용한 스톱모션 요리 영상을 올린다.

구독자 수
116만 명

tomosteen 채널 바로 가기

잠깐만, 그전에 먼저 스톱 모션이란 게 뭔지 알려 줄래?

맞아. 그게 뭐야?

아하! 그럼, 스톱 모션이 뭔지부터 알려 줄게.

말은 쉽지만, 어려운 '스톱 모션'

스톱 모션이란, 사물이 움직이는 장면을 찍을 때 사용하는 영상 기법이야. 방법은 간단해. 사물의 움직임을 조금씩 바꿔가면서 한 컷, 한 컷씩 촬영하면 되거든.
'한 컷 촬영' → '조금 움직임' → '한 컷 촬영' → '조금 움직임'... 같은 순서를 수없이 반복하는 거지. 지금은 더 편한 기술도 생겨서 자주 쓰이지 않지만, 그래도 여전히 사용되고 있는 촬영 기법이야.

이것이 스톱 모션 애니메이션이야!

진짜 요리 영상에서 찾을 수 없는 재미

하지만 왜 굳이 스톱 모션으로 요리 영상을 찍었을까? 실제 요리 영상과 어떤 차이가 있길래?

그건 바로, 재료가 다르기 때문이야. 진짜 음식 재료가 아닌, 주사위나 레고를 이용해서 요리를 하거든. 무슨 재료인지 알 수 있도록 손질하기 전까지는 진짜 재료가 나오고, 칼로 썰거나 그릇에 담는 순간 그 재료와 비슷한 색의 사물로 바뀌지.

요리하는 척! 하는 거지. 어떻게 보면 소꿉놀이 같은 거야. 저렇게 음식을 연상케 하는 사물들을 이용해서 요리 영상을 만들고, 시청자들이 더 몰입할 수 있도록 청각 효과까지 넣으면! tomosteen 채널의 요리 영상 완성!
자, 이렇게 남들과 다른 요리 영상을 찍어서 올리는 tomosteen. 하지만, 장점이 있다면 단점도 있겠지?

뭐야? 나 벌써 다 본 거야?

사물을 이용한 스톱 모션 요리 영상. 실제로 요리하지 않아도 되고, 차별성을 가지고 있다는 장점이 있지만, 반대로 영상을 만드는 데 많은 시간이 필요하다는 단점도 있어. 앞서 말했듯이, 스톱 모션의 방법은 간단하지만, 그걸 우리가 볼만한 분량의 영상으로 만들려면 많은 시간과 노력이 필요해. 그렇기 때문에 다른 요리 영상보다 영상이 올라오는 간격도 길고, 영상 자체 분량도 짧은 편이야. 그러니까 이 채널과 비슷한 콘텐츠를 만들고 싶다면, 가장 중요한 게 끈기가 아닐까 싶어.

실제 음식처럼 만드는 클레이 애니메이션 채널
w motion

구독자 수: 28.2만 명
총 조회수: 25,760,023회
평균 재생 시간: 3분 내외.(모음집 제외)
특징: 마스코트 캐릭터가 요리하는 컨셉의 클레이 애니메이션 채널. 음식 묘사가 무척 뛰어나다.

얼핏 보면 진짜 음식 같아!

w motion 채널 바로 가기

요리 천재 '초록이'가 실제 튀기는 것 같은 묘사!

안돼, 석준아! 저건 클레이라고!

아냐! 저건 치즈볼이야! 치즈보오올!

클레이는 스톱 모션에 사용되는 재료지. 이 채널도 클레이를 사용해 '초록이'라는 캐릭터가 요리하는 영상을 만들어. 음식뿐 아니라, 요리 과정까지 세밀하지. 어때? 정말 군침 돌지 않아?

특히 초록이에 대한 구독자들의 인기가 높아서, 이 캐릭터를 이용한 카톡 이모티콘도 나왔다고 해.

스톱 모션은 무조건 클레이로만 만들어야 해?

꼭 그런 건 아니야. 그럼, 다른 채널을 보러 가 볼까?

다양한 스톱 모션 상황극!
셀프어쿠스틱

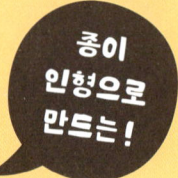
종이 인형으로 만드는!

2D 그림으로 만드는 **애니메이션**

총 조회수: 514,933,012회
평균 재생 시간: 영상당 3분 내외.
특징: 그림으로 배경과 도구를 만들고 스톱 모션 기법으로 애니메이션을 만든다. 아기자기한 그림체가 인상적이다.

혹시 종이 인형 놀이, 해 본 적 있어? 종이를 오려 만든 인형에 마음에 드는 옷을 입혀 보고, 친구 인형도 만나게 해서 노는 그런 놀이 말이야. 이 채널은 종이 인형 놀이를 더 발전시켜서 영상으로 만들고 있어. 배경이나 인물, 직접 움직일 도구까지 그려서 오려낸 다음, 스톱 모션 기법으로 촬영 후 편집해서 하나의 상황극으로 만들어 냈지. 요리뿐만 아니라 청소, 화장 등 다양한 상황극을 보여 준다는 게 특징이야.

셀프어쿠스틱
selfacoustic
구독자 수
188만 명

셀프 어쿠스틱 채널 바로 가기

조회수 3,520만 회.

우와! 귀엽다! 나도 해 보고 싶어!

그렇지?

자, 이 채널에서 가장 많은 조회수를 기록하고 있는 영상이야. 2018년 10월 27일에 나온 '달콤한 아이스크림 가게 스톱 모션♥ :: 셀프어쿠스틱'이란 영상인데, 아이스크림 가게를 운영하면서 손님들이 원하는 아이스크림을 담아주는 영상이야. 아이스크림을 떠낸 자국까지 표현하는 등 진짜 같은 디테일을 살린 게 영상의 인기 비결 중 하나지.

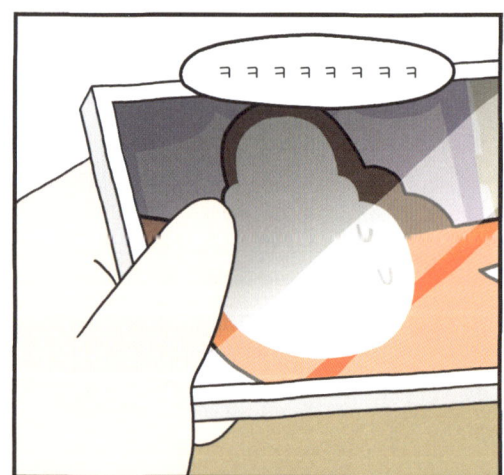

 개성 가득한 그림체로 재미를 주는 애니메이션 채널!
총몇명과 소맥거핀!

혹시 좋아하는 애니메이션 있어? 있다면 어떤 장르를 좋아해? 로봇이 합체해서 악당을 물리치는 액션? 아니면 마법 소녀로 변신하는 판타지? 그것도 아니면 공감을 불러일으키는 일상 개그? 응? 왜 유튜브 채널 얘기하다가 애니메이션 얘기를 꺼내냐고? 이번에 소개할 채널이 유튜브에서 활동하는 애니메이션 채널이거든. 일상 공감 개그부터 게임, 액션에 요즘 유행하는 밈까지! 서로 다른 매력으로 색다른 재미를 주는 두 애니메이션 채널을 소개해 줄게! 바로 [총몇명] 채널과 [소맥거핀] 채널이야.

 채널과  채널. 간단 소개!

총몇명

구독자 수: 297만 명
총 조회수: 1,353,501,028회
평균 재생 시간: 5분 내외
특징: 개성 있는 그림체로 일상 공감 및 독특하고 신선한 내용의 애니메이션을 만든다. 대표적인 자체 제작 시리즈로는 애니메이션 먹방 '00 후 혼밥러'와 '총몇명 시리즈'가 있다.

총몇명이 짱이야! 제일 재미있으니까!

총몇명 채널 바로 가기

소맥거핀

구독자 수: 443만 명
총 조회수: 1,780,668,370회
평균 재생 시간: 2분 내외.
특징: 그림체는 단순하지만, 빠른 속도감과 과감한 표현으로 급박함 속에서 재미와 공감을 느낄 수 있는 애니메이션을 만든다. 대표적인 자체 제작 시리즈로는 '유튜브 시리즈'가 있다.

무슨 소리! 소맥거핀이 더 재미있거든?

소맥거핀 채널 바로 가기

자체 제작 시리즈? 그게 정확히 뭔데?

말 그대로 해당 유튜버가 스토리부터 컨셉, 세계관 설정, 작화나 연출, 촬영, 편집 등 하나부터 열까지 손수 만든 작품을 말해. 화려한 액션이 가득한 애니메이션부터, 빵 터지는 코미디, 왠지 자꾸 뒤를 돌아보게 만드는 무서운 이야기까지! 각 채널에 어떤 작품들이 있는지 한번 알아볼까?

[총몇명]의 자체 제작 시리즈

총몇명에서 올리는 시리즈로는 대표적으로 채널의 이름을 딴 '총몇명 시리즈'가 있어. 평범한 가정을 중심으로 벌어지는 무시무시한 사건·사고 애니메이션 '총몇명 스토리'에서 시작했는데, 여기서 총몇명 채널의 인기 캐릭터 '나천재'가 등장하게 돼. 아마 애니메이션을 자주 보는 친구라면, 총몇명은 몰라도 이 캐릭터는 알걸? 개성 가득한 외형부터 우아한 천재 과학자라는 설정, 말끝마다 영어를 섞어 쓰는 말투까지. 한번 보면 그 매력에서 절대 헤어 나올 수 없을걸?

따라 해 보세요. 오 마이 갓김치!

오 마이 갓김치!

[소맥거핀]의 자체 제작 시리즈

우와~ 세계관 무엇?!

소맥거핀의 자체 제작 시리즈로는 '유튜브 시리즈'라는 작품이 있어. 가상 현실 세계를 배경으로 벌어지는 SF 판타지 액션 작품으로, 가상 현실 속 캐릭터 사이에 일어나는 갈등, 대립, 그 와중에 벌어지는 화끈한 액션까지! 만약 SF 판타지를 좋아하거나, 화려한 액션 애니메이션을 보고 싶다면 이걸 보라고! 물론, 아까 싸웠던 거 화해하기 전까진 안 보여 줄 거야.

헉! 석준아. 미안해!

헉! 나도 미안해!

포브스 선정 대한민국 파워 유튜버 1위!
계향쓰

패러디를 넘어 2차 창작.

계향쓰 GH'S

구독자 수: 1,420만 명
총 조회수: 10,056,819,047회
평균 재생 시간: 3분 내외.(모음집 제외)
특징: 애니메이션 유튜버. 현재 유행하는 게임, 드라마 등을 패러디, 2차 창작해서 영상을 만든다.

① 포브스 선정 대한민국 파워 유튜버 1위

계향쓰 채널 바로 가기

그 게임에 나오는 괴물 있잖아. 숨겨진 과거가 있을까?

포브스가 선정한 대한민국 파워 유튜버 1위에 오른 계향쓰. 이 채널은 어몽어스, 파피 플레이 타임, 프레디의 피자가게 등 비교적 널리 알려진 공포 게임을 소재로 2차 창작 애니메이션을 만들고 있어. 주로 다루는 건 게임 속 괴물의 과거 이야기지. '이 괴물이 이렇게 된 건, 예전에 이런 일이 있어서야…'라는 식으로 괴물들에게 새로운 설정과 스토리를 입혀서 영상을 진행해. 이 영상은 계향쓰 채널에서 만든 2차 창작물이기 때문에, 원작자의 의도와는 관계가 없어. 하지만 2차 창작도 대중문화의 한 형태로 인정받기도 하고, 이걸 용인해 주는 원작자들도 있기 때문에, 우리는 이게 원작자의 공식 콘텐츠가 아니란 것만 확실히 알고, 재밌게 즐기면 돼.

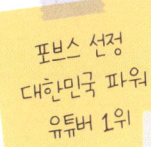 이거 봐봐! 네가 하는 게임 속 괴물이 사실은… 이거였대!

 뭐라고?! 이거 진짜야?!

 어? 어… 글쎄?

 그리고 재미있기도 하고. 이런 걸 '공유지의 희극'이라고 하지.

뭐? '공유기'?

갑자기 와이파이는 왜?

자, 이렇게 세 개의 채널에 관해 얘기해 봤어.
그렇다면 각 채널에서 가장 조회수가 높은 영상은 무엇일까?

총몇명 채널의 최고 조회수 영상!

조회수 1,289만 회

총몇명 채널에서 가장 조회수가 높은 영상은 바로 '기묘한 다이어트 [총몇명 스토리]'야. 총몇명 시리즈 애니메이션 중 하나로, 주인공 민모리의 엄마 박진숙의 기묘한 다이어트 일화를 그린 영상이야. 이야기가 흘러가는 내내 기묘한 분위기가 감도는데 혹시, 이걸 본 친구 중에 이게 정말 효과 있다고 생각하는 사람은 없겠지?

소맥거핀 채널의 최고 조회수 영상!

조회수 1.2억 회

소맥거핀 채널에서 가장 조회수가 높은 영상은 바로 '오징어 게임 3분 요약 [Squid Game 3 minutes summary]'이야. 드라마 '오징어 게임'을 3분으로 축약해 재미있게 요약한 영상으로, 전 세계적으로 열풍을 일으킨 원작의 인기에 힘입어 채널의 인지도를 급상승시켜 줬지. 무려 1.2억 회나 조회됐다고!

계향쓰 채널의 최고 조회수 영상!

조회수 1.3억 회

계향쓰 채널에서 가장 조회수가 높은 영상은 바로 '나는 괴물이 아니야 - 파피 플레이타임 애니메이션 (Wanna Live)'이야. 인기 공포 게임인 '파피 플레이타임'에 나오는 괴물 '허기 워기'의 과거를 2차 창작한 영상으로, 전 세계적인 인기를 보여 주고 있지. 시리즈물로 이 영상에 이어서 3편까지 있으니까, 관심이 있으면 한번 보는 걸 추천해.

음악과 가장 잘 어울리는 애니메이션 채널!
람다람

유튜브로 노래를 들어 본 적 있어? 방송에 나오는 대중가요, K-POP 노래도 있지만, 유튜브를 좀 더 살펴보면 그보다 더 다양한 노래들이 있다는 걸 알 수 있을 거야. 그런데 노래는 귀로 듣는 '소리'고, 유튜브는 눈과 귀 모두를 채워 줘야 하는 '영상'을 올리는 플랫폼이잖아? 그럼, 유튜브에서 노래를 올리려면 어떻게 해야 할까?
뮤직비디오도 그 방법 중 하나야. 촬영하거나 그림을 넣어서 노래와 합체! 이렇게 만들어진 뮤직비디오는 노래를 좋아하는 팬들에게 많은 사랑을 받고 있지.

글쎄? 난 유튜브로 노래를 들어 본 적이 없어서...

그래? 그럼, 그 그림은 누가 그리는데?

이번에 소개할 유튜버는 이런 뮤직비디오는 물론, 자신만의 그림체로 삽화도 발표하고, 애니메이션도 만드는, 애니메이터 '람다람'이야.

바로 그거야! 코코!

람다람! 간단하게 소개하자면

람다람 RAMDARAM

총 조회수: 128,049,887회
평균 재생 시간: 3분 내외.
특징: 뮤직비디오 및 일러스트레이션 채널. 고유 캐릭터를 중점으로 쨍한 색감과 톡톡 튀는 그림체의 애니메이션 뮤직비디오를 만든다. 애니메이션을 통해 곡의 리듬, 분위기, 가사 모두 빼놓지 않고 살려 음악의 매력을 극대화한다는 점이 가장 큰 특징이다.

구독자 수 90.5만 명

람다람 채널 바로 가기

 해외에서 더 유명하다고? 왜?

람다람은 한국보다 해외에서 더 유명한 유튜버야. 왜 그런지는 영상을 보면 알 수 있을걸?

조회수 5,001만 회.

람다람 채널에서 가장 많은 조회수를 기록하고 있는 영상이야. 한번 보라고!

영상 제목은 'Soda City Funk'야.

와~ 뭔가… 세다! 이게 뭐지?

뭐야! 죄다 영어잖아! 한국어로 된 노래는 없어?

확실히 대중적인 스타일은 아니지? 람다람은 이런 개성 있는 음악에 특이하고 귀여운 그림체로 뮤직비디오를 만들어. 아무래도 한국 대중가요보다는 주로 해외 뮤지션의 노래를 사용하다 보니, 해외에서 더 유명한 유튜버가 됐지.

그렇다고 우리나라에서 유명하지 않은 건 아니야. 옆에 있는 영상은 '달의하루'란 우리나라 인디밴드의 '염라'라는 노래의 뮤직비디오야. 람다람 채널에 올라와 있는 건 아니지만, 람다람이 뮤직비디오 제작에 참여하면서 많은 인기를 끌었어. 곡과 애니메이션이 각각 다 퀄리티가 좋은데다 찰떡같이 잘 어울리기까지 했으니, 서로에게 좋은 시너지가 된 거야.

조회수 2,507만 회.

사실, 나도 이 노래로 람다람을 알게 됐어.

자. 이번에는 람다람이라는 유튜버에 대해 얘기해 봤어. 어때? 애니메이션 뮤직비디오를 보니, 실제 촬영으로 제작한 뮤직비디오와는 또 다른 매력이 느껴지지? 어서 람다람의 다른 뮤직비디오도 재생해 봐!

돌아가는 팽이를 색종이로 만든다고?
페이퍼 블레이드!

> 종이접기 달인! 네모아저씨!

누구나 한 번쯤 여러가지 색색 가지 색종이를 가지고 종이접기를 한 적 있을 거야. 한 번, 또 한 번, 이리저리 접다 보면 완성되는 작품에 뿌듯한 마음이 들기도 했을걸? 그런데 색종이로 팽이를 만들 수 있다는 거, 알고 있었어? 그저 모양만 팽이가 아니라 실제로 빙글빙글 돌아가는 팽이를 말이야! 종이로 만든 팽이! 그 팽이를 만드는 종이접기 달인! [네모아저씨]를 소개할게.

네모아저씨! 간단하게 설명하자면

네모아저씨

구독자 수: 49.6만 명
총 조회수: 191,730,849회
평균 재생 시간: 10~20분.
(페이퍼 블레이드 영상은 40~50분)
특징: 기본적인 종이접기뿐 아니라, 다른 곳에서 볼 수 없는 개성적인 종이접기를 소개하는 채널. 특히, '페이퍼 블레이드'라는 독자적인 팽이 종이접기가 유명하다.

네모아저씨 채널 바로 가기

 # 이게 대체 뭔데?

페이퍼 블레이드는 네모아저씨가 만들어 낸 종이접기 팽이로, 이걸 만들려면 같은 크기의 종이 3장이 필요해. 블레이드의 외골격을 이루는 부분으로 블레이드의 외형을 담당하는 '프레임', '프레임' 속에 들어가 '그립'을 고정하는 부분인 '코어', 손잡이로 블레이드 윗부분에 끼워 넣는 '그립'으로 나누어져 있어.

이렇게 3장의 종이로 만들어진 페이퍼 블레이드. 프레임과 코어, 그립의 모양과 색깔에 따라 유형도, 형태도 다양해진다고!

수십 가지의 페이퍼 블레이드 중 네 마음에 드는 걸 찾아봐!

안녕? 난 [공격형] 블레이드인 '데빌시드'라고 해.

난 [방어형] 블레이드인 '플레임 실드'. 우리 말고도 '스테미너형', '밸런스형', '특수형'이 있어.

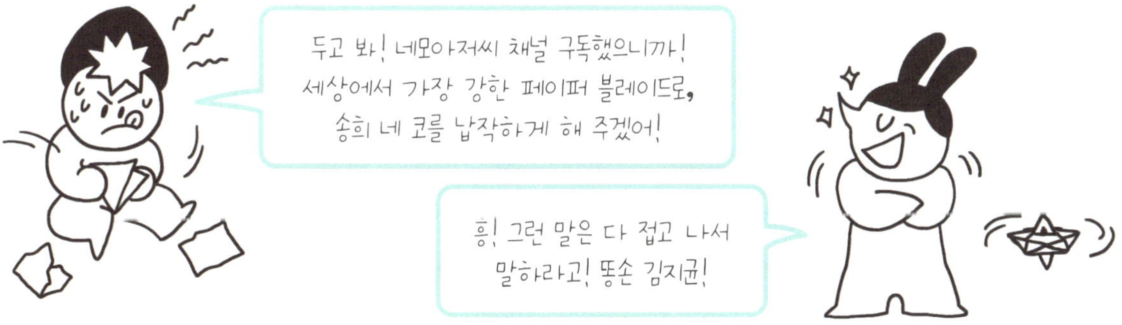

두고 봐! 네모아저씨 채널 구독했으니까! 세상에서 가장 강한 페이퍼 블레이드로, 송희 네 코를 납작하게 해 주겠어!

흥! 그런 말은 다 접고 나서 말하라고! 똥손 김지균!

팬케이크로 만드는 예술!
팬 케이

그런데 먹방을 보다 보니 진짜로 배가 고파졌어.
코코야, 뭐 먹을 거 없어?

있지! 마침 이번에 소개할 채널도
음식을 만드는 채널이거든. 그것도 그림 같은 음식을!

응? 그림 같은 음식?

SNS에 잠깐 떠돌았던 말이 있었어. "사람들은 잘 그린 그림을 보고 '와! 사진 같아요!'라고 하고, 잘 찍은 사진을 보고는 '와! 그림 같아요!'"라고 한다고. 그럼, 잘 그린 음식을 보면 어떻게 말해야 할까? 이번에 소개할 유튜버는 이런 고민을 만들어 내는 채널이야. 마치 하나의 그림처럼 형형색색 색깔이 입혀진 팬케이크. 그 팬케이크를 굽는 채널이거든. 얼마나 잘 그렸는지 궁금하다면, 지금 여기! [팬 케이]로 와.

팬 케이! 간단하게 설명하자면

구독자 수: 290만 명
조회수: 983,397,185회
평균 재생 시간: 5분 내외. 간혹 15분 내외의 영상도 나온다.
특징: 색소를 넣은 반죽으로 프라이팬 위에 그림을 그려 팬케이크를 굽는다. 만화, 게임 캐릭터는 물론 브랜드 로고나 국기 등 다양한 소재로 팬케이크 영상을 제작하고 있다. 시간 순서대로 영상을 보다 보면 그림 실력이 점점 좋아지는 걸 알 수 있다.

팬 케이 채널
바로 가기

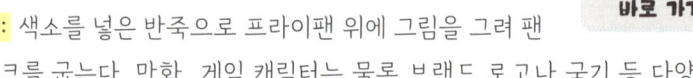

어험! 여기가 팬케이크 전문점이라는 소리를 듣고 왔습니다.

정석준! 넌 또 여기 어떻게...?

내가 불렀지. 맛있는 건 나눠 먹어야
더 맛있으니까. 자, 그럼 정확히 어떤 모양의
팬케이크를 굽는지 살펴볼까?

브랜드 로고부터 이모티콘, 게임 캐릭터까지?

팬 케이가 굽는 팬케이크는 모양도 색깔도 다양해. 메시지를 보낼 때 쓰는 이모티콘이나 SNS 로고, 특정 나라의 땅이나 국기, 인기 만화 또는 게임에 나오는 캐릭터까지! 혹시 게임이나 만화를 좋아한다면, 여기서 네가 알고 있는 캐릭터 하나는 무조건 찾을 수 있을 거야!

어때? 생각보다 퀄리티가 좋지? 이거 말고도 유명 아이돌이나 세계적인 축구팀의 엠블럼을 본뜬 팬케이크도 있어. 그래서 그런지, 이 채널은 해외 구독자가 많은 편이야. 그러면 이 채널에서 가장 조회수가 많은 건 뭘까?

조회수 4,491만회.

이 채널에서 가장 조회수가 많은 영상! 그건 지금 옆에 보이는 [Brand Logos Pancake art] 라는 영상이야. 세계적으로 유명한 브랜드 로고를 팬케이크에 그려 넣었지. 보이는 것과 반대로 써야 하는 데다가, 액체의 농도와 익는 속도까지 고려해야 하는 팬케이크의 특성을 생각해 보면, 정말 놀라운 일치율이라는 걸 알 수 있어. 아마 너도 깜짝 놀랄걸?

41

펜으로 만드는 3D! 3D 펜으로 세상을 조각하는 유튜버

사나고

가끔 만화 영화를 보면, 칼이나 총이 아니라 커다란 붓이나 펜으로 싸우는 캐릭터들이 있어. 공중에 뭔가를 그려서 공격하는 거지! 3차원 공간에 그릴 수 있는 펜이라니, 상상 속에서만 등장할 것 같지? 하지만 이런 펜이 실제로 존재한다는 사실! 일정한 온도로 흐물흐물해진 플라스틱을 뿜어내는 3D 펜! 우리는 이 펜으로 3차원 공간에 우리가 그리고 싶은 그림을 그릴 수 있게 됐어. 이번에 소개할 유튜버는 이 3D 펜을 이용해 작품을 만드는 사람이야. 각종 캐릭터는 물론, 부서진 담벼락을 상상력으로 메꾸는 유튜버, [사나고]야.

그러니까... 이걸로 3차원 그림을 그릴 수 있다, 이거지? 신기하네~

사나고! 간단하게 설명하자면

조회수: 590,896,222회
평균 재생 시간: 10분 내외. 영상별로 재생 시간 격차가 큰 편이다.
특징: 3D 펜을 이용해 콘텐츠 영상을 찍는다. 다른 매체에서 나온 캐릭터 모형을 만들거나 주변 건물의 파손된 부분을 수리하기도 한다. 제작 중 BGM과 사나고의 드립이 섞여 실소가 나오게 한다.

사나고 채널 바로 가기

구독자 수 333만 명

앗 뜨거워! 펜이라면서! 왜 뜨거워!!

괜찮아? 3D 펜은 필라멘트라는 플라스틱 줄을 녹여서 그림을 그리는 원리야. 그러니까 당연히 뜨겁지!

뭐야. 그럼, 허공에 그림 못 그려?

그건 아직. 지금까지 사나고가 만들었던 작품이 어떤 게 있는지 볼까?

 ## 무궁무진한 3D 펜

헉! 이게 진짜 사나고가 만든 거라고? 짱이다!

사나고의 3D 펜 활용은 무궁무진해. 누구나 알 법한 유명 캐릭터, 게임이나 영화에 나오는 막강한 무기, 역사적인 의미가 있는 물건 등 다양한 모형을 만들지. 게다가 실생활에 사용하는 평범한 물건에 사나고만의 특별함을 추가하기도 해. 잔잔한 BGM과 함께 사나고의 재치 있는 멘트를 듣고 있노라면 어느새 3D 모형 하나가 뚝딱! 만들어진 걸 볼 수 있을 거야.

그것뿐만 아니야. 주변을 둘러보면 표면이 살짝 부서진 담벼락이나 벽이 있잖아? 사나고는 그런 곳을 찾아가 3D 펜으로 수리하기도 해. 그것 자체로도 작품이지만, 그 위에 새로운 작품을 만들기도 한다고.

오~ 대박! 나도 3D 펜 한번 써 보고 싶다. 아, 그런데 내가 하면 저렇게 안 되겠지?

3D 펜 한번 제대로 배워 보고 싶어? 그럼 사나고샵에 가서 안전한 3D 펜이랑 도안을 사서 연습해 봐.

사나고는 자신의 채널 이름을 딴 인터넷 쇼핑몰을 열었어. 3D 펜이랑 필라멘트, 그리고 연습할 도안책도 판매하고 있지. 조금씩 조금씩 연습하다 보면, 너도 사나고처럼 멋진 작품을 만들 수 있을걸? 자, 그러면 마지막으로 사나고 채널에서 가장 많은 조회수를 기록한 영상을 알아보자고! 나와라!

 조회수 2,997만회.

이 채널에서 가장 많은 조회수를 기록한 영상은 '3D펜으로 벽 수리하기' 영상이야. 제목에서 나온 것처럼, 3D 펜을 이용해 실제 건축물의 부서진 부분을 채워 넣는 내용이지. 3D 펜으로 수리를 한다는 게 신기하기도 하고, 사나고 특유의 입담이 그 과정을 지루하지 않게 만들어 주니 많은 사람이 이 영상을 매력적으로 느낀 거야. 그래서 이후로도 수리 시리즈는 계속 이어져 오고 있어.

 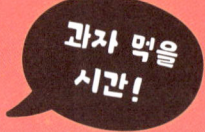

뭔가 애매한 시간이라면?
타임스낵
> 과자 먹을 시간!

버스나 지하철을 탔을 때나 자기 직전에 뭔가 보고 싶을 때, 화장실에서 큰일을 볼 때처럼 무료하고 따분한 순간이 있잖아. 유튜브를 보려고 하니, 집중해서 보는 콘텐츠는 좀 부담스러우니까, 가볍고 짧은 콘텐츠를 다양하게 보고 싶다면? 그러면 이 채널을 소개할게. 현재 이슈에 대한 설명과, 특이한 주제로 만들어진 앙케트, 뜻밖의 지식을 알아갈 수 있는 공간! [타임스낵]이야.

타임스낵! 간단하게 소개하자면

구독자 수: 86.9만 명
조회수: 325,518,725회
평균 재생 시간: 5분~10분.
특징: 만화, 게임, 상식 등 다양한 주제를 가지고 랭킹 영상을 만든다. 유머 사진을 따로 모아 놓은 '유머스낵' 채널이 따로 있다.

> 스낵? 그래도 난 진짜 과자가 좋은데...

> 미안. 하지만 과자 먹으면서 보는 데 딱 맞을 거야.

> 만화, 게임, 흥미로운 사연 등 한번 보면 멈출 수 없는 재밌는 얘기로 가득하거든.

타임스낵에서 가장 높은 조회수를 기록하고 있는 영상은 '결국 모든 게 주작이었던 해외 생존 유튜버들 근황'이야. 고작 몇 명에서, 막대기 하나로 집도 짓고 수영장도 만들고 탑도 세우는 생존 영상들로 유명해진 어떤 유튜브 채널의 비밀을 폭로했어. 실제로는 많은 사람과 장비, 물자를 동원했고, 그 과정에서 환경파괴까지 저지른다는 문제점을 날카롭게 정리해 지적했지.

조회수 1,247만 회.

 헉! 나도 저 생존 유튜버 본 적 있는데!
재밌긴 한데 좀 무섭다.
난 그냥 웃긴 걸 보고 싶었는데...

 그래?
그렇다면 여기 어때? 온갖 웃긴 사진들을
모아 놓은 또 다른 채널, '유머스낵'이 있거든.

구독자 수: 36.3만 명
조회수: 429,255,699회
평균 재생 시간: 3분 내외.
특징: 신기하고 재밌고, 웃긴 사진들을 모았다. 비슷한 유형을 모은 '뜻밖의', '절묘한 사진들' 같은 시리즈도 올라오고 있다.

 유머스낵 채널 바로 가기

조회수 1,080만 회.

 오! 나 이 쇼츠 봤어! 이게 이 채널의
영상이구나! 그런데 왜 갑자기 쇼츠를
소개해 줘? 동영상이 아니고?

이 채널에서 가장 높은 조회수를 기록한 영상이 쇼츠거든.
말했다시피 웃긴 사진들을 모아 놓은 채널이라서
3분보다 더 짧은 쇼츠가 제격이지.

그렇다고 동영상으로 올린 게
쇼츠보다 재미없다는 건 아니야.
오히려 신기하거나 감동적인 걸 보고 싶다면
동영상을 보는 걸 추천해.

조회수 301만 회.

'세상이 아직 살 만하다는 것을 보여주는 훈훈한
장면들'이라는 영상도 추천할게. 다른 영상들처럼
웃기진 않지만, 가슴 한구석이 훈훈해지는 걸
느낄 수 있거든. 가끔은 이런 감동적인
걸 보는 것도 좋지 않을까?

흥! 난 웃긴 게 더...
어라? 어째서 눈물이?

이 만화에 이런 비밀이 있었다고?
빠퀴

> 이름이 박쥐로 시작해서 빠퀴!

혹시 '투니버스'라는 케이블TV 채널 본 적 있어? 우리나라 최초의 애니메이션 전문 채널로, 애니메이션을 좋아한다면 무조건 들어 봤을 법한 채널이지. 여기서 방영했던 애니메이션만 해도 '짱구는 못 말려', '검정고무신', '명탐정 코난', '아따맘마'... 아이고, 많다. 뭐? 이번에 소개할 게 투니버스냐고? 아니야. 이번에 소개할 채널은 그런 애니메이션의 숨겨진 비밀을 얘기해 주는 채널이야. 평범한 덕질로는 알 수 없던 애니 속 숨겨진 비밀과 더불어, 다른 나라의 재밌는 문화 얘기까지! 자, 그럼 가 볼까? [빠퀴]!

> 흥! 애니메이션 안 보는 나한테는 쓸모없는 채널이네!

> 글쎄? 과연 그럴까?

빠퀴! 간단하게 소개하자면

빠퀴

구독자 54.4만 명

조회수: 260,910,210회
평균 재생 시간: 10분 내외.(몰아보기 제외)
특징: 한 번쯤 봤을 법한 유명 애니메이션이나 만화 영화의 숨겨진 이야기를 랭킹 형식으로 얘기한다.

빠퀴 채널 바로 가기

> 어? 나 이 채널 알아! 그런데 난 다른 나라의 문화를 얘기해 주는 걸 봤는데?

> 그건 아마, 이 채널일 거야! 얍!

구독자 14.6만 명

조회수: 42,744,326회
평균 재생 시간: 10분 내외.(몰아보기 제외)
특징: 다른 나라의 문화나 게임 스토리에 대한 이야기를 랭킹 형식으로 얘기한다. 각 나라의 귀신들을 소개하기도 한다.

빠퀴2tv

빠퀴 tv 채널 바로 가기

만화랑 문화?
둘 다 자음이 ㅁㅎ이네. 헤헤.

깜짝이야!
김지균 너 언제 왔어?

아까부터 있었는데? 그런데 이 채널은 왜 만화랑 문화를 얘기하는 거야? 그리고 어떤 방법으로?

물론, 만화를 얘기하면서 문화를 얘기하는 거지!

조회수 447만 회.

이 채널에서 가장 높은 조회수의 영상은 옆에 있는 '[바퀴] 검정고무신 속 특이한 옛날 문화 TOP5'야. '검정고무신'은 지금 할아버지, 할머니들의 어린 시절을 그려낸 애니메이션으로, 1960년대 우리나라를 배경으로 삼고 있지. 보면 아마 깜짝 놀랄걸? 지금은 당연하다고 생각하는 것들이 그때는 아닌 경우가 많으니까.

이 영상은 그런 옛 문화에 관해 얘기해 주고 있어. 혹시 옛날 어른들이 어떻게 살았는지, 지금과 얼마나 다르게 살았는지 알고 싶으면 한번 들어가 보는 걸 추천해.

대략 60년 전이라는 거 아냐?
그러니까, 저 때 태어난 사람이 지금은 60살이 됐다는 거지!

잠깐, 그렇다면 우리 얘기도 60년 뒤에 이렇게 애니메이션으로 나올 수 있다는 거 아냐? 기분이 좀... 묘하네?

가만, 1960년대?
지금보다 얼마나 옛날인 거지?

이렇듯 이 채널에는 애니메이션을 통해 사람들의 문화를 얘기하는 영상이 올라와. 그건 비단 한국에 그치지 않지. 미국의 유명 애니메이션인 '심슨가족'을 통해서 미국의 문화를 얘기하기도 하고, '짱구는 못 말려'를 통해서 일본의 문화를 얘기하는 영상도 있거든. 또한 우리가 즐겨 봤던 애니메이션 속 숨겨진 설정을 얘기하기도 해. 살인 사건으로 가득한 '명탐정 코난'에서 가장 황당했던 살해 동기라든가, '아따맘마'의 주인공 가족에 얽힌 비밀까지. 어때? 궁금하지? 유명 만화 속 비밀과 당대의 특이한 문화를 알아볼 수 있는 시간. 재미와 지식을 동시에 가져갈 수 있는 채널로 추천할게!

중간평가

자, 지금까지 봤던 유튜브 채널들, 기억하고 있어? 잘 기억하는지 한번 볼까?

1
다음 중 역사 지식 유튜버에 관한 설명으로 바르지 않은 것은?

① 써에이스쇼 채널은 하나의 시리즈로 평균 20개의 영상을 만든다.
② 지식해적단의 마스코트는 해골과 사자다.
③ 퍄퍄킴역사 채널은 동아시아의 역사를 주로 다룬다.
④ 현재 지구상에서 일어나는 사건을 알기 위해선 3개의 채널 중 지식해적단 채널을 보는 게 가장 좋다.
⑤ 써에이스쇼채널은 주로 삼국지, 임진왜란 같은 큰 사건을 다룬다.

2
아래 빈칸들을 채워 보세요!

석준아. 페이퍼 블레이드를 만들려면 종이 3장이 필요하잖아. 뭐뭐 접어야 한다고 했지?

그새 까먹었냐? 바깥 부분인 프레임, 손잡이 역할의 그립, 그리고 프레임과 그립을 연결하는 ☐ 가 있잖아!

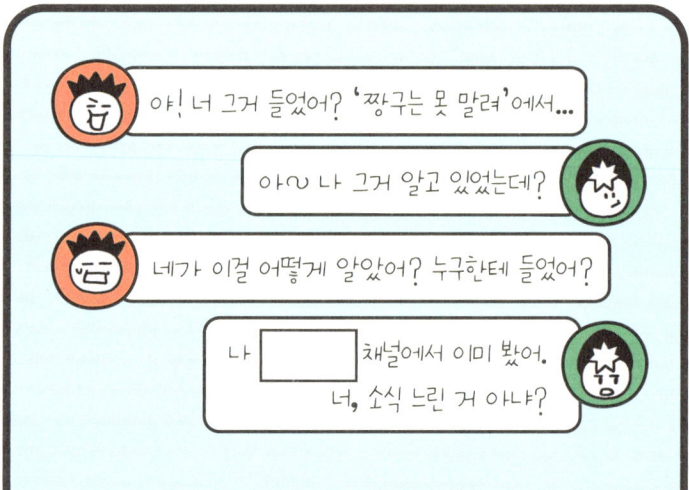

야! 너 그거 들었어? '짱구는 못 말려'에서...

아~ 나 그거 알고 있었는데?

네가 이걸 어떻게 알았어? 누구한테 들었어?

나 ☐ 채널에서 이미 봤어. 너, 소식 느린 거 아냐?

① 번방, ② 포인, 베어링

3

아래 섬네일을 제작한 채널의 이름은 ☐☐☐☐☐ 이다.

ELO (엘로) – 'Cupcake (Feat. punchnello)' Official Music Video (ENG/CHN), 2020. 6. 16

> 주로 요리 영상으로, 진짜보다 더 진짜 같은 음식 모형을 만들어서 영상을 찍는다.

> 영상을 찍을 때 클레이(점토)를 많이 사용한다.

> 사물을 조금씩 움직여서 영상을 찍는 채널이다.

4

아래 도구와 연관된 채널을 짝지어 주세요.

ⓐ tomosteen   ⓑ 셀프어쿠스틱   ⓒ 네모아저씨

5

코코가 설명하고 있는 것은 ☐☐☐☐ 이다.

> 직접적으로 움직일 수 없는 사물에 움직임을 줄 때 사용하는 영상 촬영 기법이야.

> '촬영 → 움직임 → 촬영 → 움직임' 같은 과정을 원하는 분량이 나올 때까지 계속해서 반복해야 해.

> 기술이 발달하면서 많이 쓰지는 않지만, 그래도 현재까지 사용되고 있는 촬영 기법이야.

③ w motion ④ 1-ⓒ/2-ⓐ/3-ⓑ ⑤ 스톱 모션

6

빈칸에 들어갈 채널 이름을 보기에서 골라 빈칸을 채워 보세요.

보기

네모아저씨
계향쓰
셀프어쿠스틱
람다람

7

'하루'를 그린 채널의 이름은 ☐ 이다.

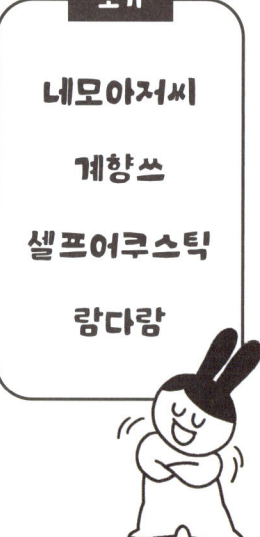

안녕? 내 이름은 '하루'! 어떤 뮤직비디오의 주인공을 맡고 있는 캐릭터야. 뭐? 처음 듣는 이름이라고? 그럴 거야. 내 입으로 이름을 얘기한 적은 없으니까. 지금 너희가 보고 있는 건 내 뒷모습인데, 어디서 본 것 같지 않아? 그러지 말고 뒤돌아 달라고? 미안하지만 그럴 수 없어. 왜냐하면 내 모습이 워낙 독특해서, 내 앞모습을 보면 날 그린 사람이 누구인지 단번에 알 수 있거든.

힌트를 주자면, 내가 나온 뮤직비디오의 노래 제목은 '염라'라는 거야.

8
빈칸에 들어갈 유튜브 채널 이름은 무엇일까요?

이건 인기 인디밴드인 '10cm'의 앨범 '5.2'의 표지 이미지야. 검은 배경에 거친 질감의 콘크리트 벽, 그 위로 온갖 건물과 남산타워를 표현했지. 노래의 분위기를 한눈에 알아볼 수 있을 만큼 잘 만든 이 작품은 3D 펜 장인 _____ 가 그린 것이라고 해.

9
다음 중 '타임스낵'을 시청하기에 적절하지 않은 상황은?

❶ 버스 정류장에 앉아 휴대폰을 보는 지균
❷ 침대에 누워 휴대폰을 보는 지균
❸ 화장실 변기에 앉아 휴대폰을 보는 지균
❹ 시험 보다가 휴대폰을 보는 지균

PIXELY

잠뜰TV의 마인크래프트 크루!

코코! 이번엔 무엇에 관해서 얘기하는 거야?

이번에는 하나의 소재를 목적으로 모여든 유튜브 크루들을 소개할 거야. 첫 번째로 소개할 크루는 마인크래프트로 모인 크루야.

마인크래프트?! 알지! 어떤 팀인데?

바로, 잠뜰TV를 중심으로 만들어진 크루, 'PIXELY'야.

PIXELY 간단하게 소개하자면

잠깐, 먼저 잠뜰TV가 뭔지 알려주세요.

알겠어! 그럼, 바로 얘기해 줄게.

잠뜰TV

구독자: 210만 명
조회수: 3,350,116,399회
평균 재생 시간: 20분~40분.
특징: 게임 '마인크래프트'를 이용해 콘텐츠 영상을 제작한다. 패러디, 상황극 등이 대부분이다.

잠뜰TV 채널 바로 가기

바로 우리가! 픽셀리다!

잠뜰
(하늘 고래)

각별
(오아시스 별)

공룡
(꽃을 좋아하는 공룡)

수현
(먹보 토끼)

라더
(화산 상어)

조회수 1,020만 회.

그러니까, 저렇게 크루를 구성해서 콘텐츠를 만든다고? 주로 어떤 방법으로?

간단해. 서로 역할을 정하고, 상황을 만들어 노는 거야. 소꿉놀이처럼.

잠뜰TV에서 가장 많은 조회수를 기록하고 있는 영상 '*마크판 거지키우기* 잠뜰거지 억만장자 가즈아!! - 마인크래프트 - [잠뜰]'이야. 마인크래프트에 '거지 키우기' 게임을 만들어서 플레이하는 영상으로, 각별과 공룡의 호흡이 어우러져 많은 사랑을 받았지. 이런 식으로 주어진 상황에 맞게 노는 걸 찍어서 올리는 거야.

오~ 그러고 보니, 저 영상에서는 팀원이 다 있는 건 아니네? 다른 사람들도 보고 싶다…

걱정하지 마! 저 영상 말고도 마인크래프트 상황극은 얼마든지 있거든. 영상마다 크루들이 다른 조합으로 나오기도 하니까, 하나씩 골라 보다 보면, 어느새 이 채널에 푹 빠지게 될 거야. 아, 그리고 또 말해 줄 게 있어. 이 캐릭터들이 마인크래프트가 아닌 다른 곳에서 나타났다는 소리가 들렸거든! 바로… 이 만화책으로 말이야!

픽셀리 캐릭터로 만든 만화책이야. 혹시 읽어 본 적 있어? 마인 크래프트 크루에서 캐릭터를 가지고 만화책까지 나오다니, 신기하지?

어! 나 저거 봤었는데! 그렇다면 나도 저렇게 만들 수 있다는 거 아냐?

일단 게임 유튜버를 먼저 해야겠지.

자, 이렇게 크루가 주는 효과가 한 콘텐츠에 머물러 있지 않고 확장되는 경우를 알아봤어. 하지만 마스코트 캐릭터로 책을 만든 크루가 픽셀리만은 아니야! 또 누가 있는지 궁금하지?

세상 모든 유형을 상황극으로!
웃소(웃음 코뿔소)

콘텐츠를 만드는 팀은 많아. 하지만 픽셀리처럼 팀원 모두가 영상에 나와서 소꿉놀이를 하는 건 드물지. 게다가 그게 실제 사람들이 나오는 거라면 더더욱! 이번에 소개할 크루는 현실에서 콘텐츠를 만드는 팀이야. 친구랑 급식 먹을 때, 편의점 갈 때, 싸웠을 때 같은 상황들. 그 상황 속에서 우리는 얼마나 다양한 반응을 보일까? 그걸 알고 싶으면 여길 들어와 보면 돼! [웃소]!

코코, 이 채널명 웃소, 혹시 줄임말이야?

헉! 어떻게 알았어?
웃음 코뿔소의 준말로, 웃길 때 고개를 숙이고 치는 박수를 '코뿔소 박수'라고 한대.

엥? 그거랑 이 채널 이름이랑 뭔 상관이야?

이 채널에 들어온 사람들이 이 '코뿔소 박수'를 쳤으면 좋겠다는 마음에 이름을 '웃음 코뿔소'로 지은 거래. 어때? 이제 이해되지?

웃소! 간단하게 소개하자면

멤버는 윗줄, 왼쪽부터 우디, 해리, 태훈, 고탱이고, 아랫줄은 디투, 소정, 성희야.

구독자 수: 169만 명
조회수: 2,178,427,954회
평균 재생 시간: 10~20분. 영상별로 재생 시간 격차가 큰 편이다.
특징: 주로 코믹 상황극 영상을 만들고 있으며, 그중 '~유형' 시리즈는 이 채널의 시그니처로 널리 알려진 영상이다.

웃소 채널 바로 가기

 그러니까, 저 사람들이 상황극을 한다는 거지?

 응! 그중에는 우리가 살면서 본 수많은 유형을 정리한 영상이 있어.

 유형? 뭔 유형을 말하는 거야?

예를 들어 학교에서 급식 먹을 때, 편의점에 가거나 아이스크림을 먹을 때! 상황은 같은데 나랑 친구랑 다른 행동을 보인 적 있지? 바로 그런 걸 정리한 영상이지. 실제로 이 채널에서 가장 많은 조회수를 기록한 영상도 그 시리즈의 영상이야.

조회수 3,248만 회.

이 채널에서 가장 많은 조회수를 보여 주고 있는 '슬라임을 가지고 노는 14가지 유형(여러분의 유형은?!)'이야. 제목 그대로 슬라임 놀이를 할 때 보이는 유형을 정리한 영상으로, 슬라임을 한 번이라도 가지고 놀았던 사람이라면 공감 갈걸? 난 어떤 유형인지, 친구는 어떤 유형인지 찾아보는 것도 재밌을 거야.

 크으~ 저거 보니까 나도 슬라임 가지고 놀고 싶네. 어디다 뒀더라?

잠깐! 아직 이 웃소에 대해서 설명이 끝나지 않았다고! 이런 유형 시리즈를 그린 만화책도 있단 말이야.

찌잔! 웃소의 '유형' 시리즈에나가, 난센스 퀴즈, 요리 레시피, 숨은그림찾기, 웃소 멤버들의 인터뷰까지! 어때? 혼자 보는 것도 좋지만, 친구들이랑 같이 보면서 서로 어떤 유형인지 알아보는 것도 재밌을 것 같지 않아? 그리고 그사이에 난센스 퀴즈나 숨은 그림찾기도 해 봐!

음... 코코야. 크리에이터 크루는 항상 책을 내는 거야?

꼭 그런 건 아니야. 다음에 소개할 크루는 책을 만들지 않았거든.

이세계아이돌

인터넷방송도 하는 가상 현실 속 아이돌!

 음? 아이돌? 가상 현실? 이게 다 뭐야?

 그러게? 크루 이름이 이세계아이돌이야?

 응! 이 그룹에 관해 얘기하기 전에, 먼저 이 가상 현실에 관해서 설명해 줘야 할 것 같아.

 가상 현실?

가상 현실(virtual reality), 줄여서 VR이라고 불리는 이 기술은 특정한 장소나 상황을 3차원 컴퓨터 그래픽으로 구현해서 간접적으로 경험할 수 있게 해 줘. 게다가 이 기술을 이용한 'VR Chat'이라는 프로그램을 사용하면 내 모습을 바꾸고, 전 세계 사람들과도 만날 수 있었지.

버츄얼 유튜버라는 말은 이 채널의 캐릭터 '키즈나 아이'라는 캐릭터가 처음으로 사용했어.

그러자 많은 사람이 VR을 이용해 개인 방송을 하기 시작했어. 실제 모습이 아닌 아바타를 쓰고 방송을 하는 사람, 이런 사람들을 일명 버츄얼 유튜버(virtual youtuber)라고 부르게 됐지.

그러던 중, '우왁굳'이라는 이름의 유튜브 크리에이터가 이 VR 기술을 이용한 아이돌을 만들어 볼 생각을 했고, 오디션을 통해 6명의 멤버를 선발했어. 이른바 가상 현실에서 활동하는 아이돌, '이세계아이돌'이 탄생한 거지.

(둘, 셋) 차원을 넘어! 안녕하세요, 이세계아이돌입니다!

구독자 수

- 아이네 : 33.2만 명
- 징버거 : 31.6만 명
- 릴파 : 33만 명
- 주르르 : 26.4만 명
- 고세구 : 31.7만 명
- 비챤 : 28.9만 명

 아이네
 징버거
 릴파
 주르르
 고세구
 비챤

총 조회수

- 아이네 : 199,985,133회
- 징버거 : 163,089,174회
- 릴파 : 184,896,189회
- 주르르 : 127,618,002회
- 고세구 : 168,599,954회
- 비챤 : 199,369,221회

특징: 주로 개인 방송으로 팬들과 소통하거나 게임 영상을 편집해서 올리며, 노래 커버, 뮤직비디오 영상을 올린다.

 가만, 아이돌이라면 노래도 냈다는 거잖아.

 물론이지! 실제 음원 사이트에 음원이 등록되어 있어.

이세계아이돌 채널 바로 가기

이세계아이돌의 데뷔곡 'RE : WIND'의 뮤직비디오야. 이세계아이돌 영상이 올라오는 '왁타버스' 채널에서 가장 높은 조회수를 기록하고 있지. 우리 나라는 물론 해외 음원 사이트에 공개 됐고, 그중 국내 사이트 'Bugs'에선 실시간 차트 1위를 하는 등, 아이돌로 서도 성공했다고 보고 있어. 가상 현실 에서 만들어진 아이돌이 현실에서 화제를 불러일으킨 거지. 실제로 이세계아이돌이 생기고 나서, 이런 가상 현실 아이돌을 만드는 프로그램이 생기기도 했어.

조회수 1,694만 회.

혹시 먹방 크루는 없나? 만들면 나 잘할 수 있는데!

 재미있을 것 같은데? 일단 먹방 유튜버에 먼저 도전해 봐!

진짜 음식보다 더 먹음직스러운 모형?
몽중다과

길을 걷다가 음식점 앞을 지날 때, 혹시 이런 가게 본 적 있어? 가게 앞에 투명한 아크릴 진열대를 설치하고, 그 안에 파는 음식들을 진열해 놓은 음식점 말이야. 사실 진짜 음식이 아닌 모형이잖아. 그런데 윤기가 좔좔 흐르는 게, 먹음직스러워 보여서 홀린 듯이 음식점 안으로 들어가게 돼.
이번에 소개할 유튜버는 클레이로 물건, 그것도 음식 모형을 만드는 유튜버야. 진짜 음식보다 더 군침 돌게 만드는 모형을 만들어 내는 금손 유튜버 [몽중다과]야.

진짜 음식이 아니었다고?

몽중다과! 간단하게 설명하자면

몽중다과
Mongsweets

구독자 수: 56.5만 명
조회수: 104,382,324회
평균 재생 시간: 8~15분.
특징: 클레이를 이용해서 모형을 만든다. 주로 음식 모형을 만드는데, 수준급의 작품 퀄리티를 보여 준다.

몽중다과 채널 바로 가기

몽중... 무슨 말인지 모르겠어.

그것도 모르냐? '꿈 몽' 자에 '가운데 중'! 그리고 다과는 차랑 과자를 말하는 거잖아!

꿈속의 과자라는 뜻인가? 그럼, 못 먹는 거 아냐?

오~ 그런 건가? 코코. 진짜 이게 그런 뜻이야?

글쎄? 하지만 송희 말도 일리가 있네. 여기서 보여 주는 모형들은 진짜 음식보다 맛있어 보이지만, 실제로는 먹을 수 없으니까. 그럼 어떤 음식들이 있는지 한번 볼까?

진짜 음식보다 더 맛있어 보이는 모형!

몽중다과 채널에 들어가 보면 알겠지만, 이 채널에서 만드는 음식 모형은 엄청난 퀄리티를 자랑하고 있어. 단순히 모양을 잡는 것뿐만 아니라 음식의 색깔, 광택까지 신경 쓰거든. 그리고 종류도 다양해. 계란 프라이나 치킨 같은 음식도 있고, 카페에서 파는 커피나 케이크, 금방이라도 녹을 것 같은 아이스크림까지! 네가 어떤 음식을 좋아하는지 모르겠지만, 아마 이 중에 분명히 있을걸? 그리고 영상 속 모형을 보면서 군침을 꿀꺽! 삼킬 거야!

훗! 이 정도는 해야 군침이 돌지.

오~ 확실히 퀄리티하 잇에. 마이엤느에?

석준아, 침 닦아.

확실히 퀄리티가 있네. 맛있겠는데? 그런데, 저건 저 클레이가 특별해서 그런 거 아냐?

글쎄? 이 영상을 보면 그런 생각이 사라질걸?

이 채널에서 가장 조회수가 많은 '소꿉놀이 장인의 소꿉놀이'라는 영상이야. 섬네일에서 알 수 있듯 마트에서 파는 만들기 세트 장난감을 가지고 고퀄리티 음식 모형을 만들어 내지. 전문 클레이도 아닌 장난감으로 말이야. 어때? 신기하지? 이게 우리나라뿐만 아니라 해외에서도 신기했나 봐. 댓글 장을 보면 이 영상부터 해외 댓글이 자주 달리기 시작했거든.

조회수 1,186만회.

오! 그거 괜찮겠다! 난 저거 보고 만들래!

좋았어! 송희는 어때?

음, 다른 채널도 보고 결정할래. 다음은 뭐야?

다음은, 너희들이 좋아하는 애니메이션 캐릭터를 클레이로 만들어 내는 채널이야. 따라와!

만화 영화 캐릭터를 3차원으로 구현한다!
띠부, 쪼물쪼물 클레이!

앞서 소개했던 몽중다과 채널은 주로 음식 모형을 만드는 채널이었어. 그러면 이제 다른 걸 만드는 채널을 알아봐야겠지? 우리가 좋아하는 만화 영화. 그 2D 화면 속에 있던 만화 속 캐릭터를 우리가 있는 3차원 공간으로 구현하는 채널 2개를 같이 소개할게. 주로 만드는 건 다르지만, 누구나 좋아하는 캐릭터를 만든다는 건 똑같지! 누군가에겐 재미를, 누군가에겐 추억을 선사하는 채널. [띠부]와 [쪼물쪼물 클레이] 채널이야.

만화 영화? 난 만화 영화 잘 모르는데?

걱정하지 마. 송희 너도 알고 있는 캐릭터가 분명히 있을걸?

두 채널! 간단하게 설명하자면

구독자 수: 72만 명
조회수: 110,154,061회
평균 재생 시간: 10분 내외.
특징: 클레이로 유명 만화 영화의 캐릭터와 배경, 그 캐릭터 설정에 따른 상황을 연출해서 만든다. 자칫 심심할 수 있는 과정을 잡담으로 지루하지 않도록 하는 게 특징.

 띠부 채널 바로 가기

 오~ 만화 영화? 그럼, 포켓몬도 있나?

포켓몬? 당연히 있지! 아래 채널로 가 봐!

구독자 수: 131만 명
조회수: 278,479,184회
평균 재생 시간: 5~10분.
특징: 클레이로 다양한 종류의 포켓몬을 만든다. 주로 인기 있는 스타팅 몬스터와 전설의 포켓몬을 만들며, 색 배합을 잘한다.

 쪼물쪼물 클레이 채널 바로 가기

쪼물쪼물 클레이! 나 포켓몬 좋아하는데! 이거 봐야겠다!

난 띠부. 단순하게 캐릭터만 만드는 게 아니잖아. 배경도 만드는 거 신기해.

오! 맞네! 그럼 둘 다 봐야 하나?

보고 싶으면 봐야지! 굳이 한 채널만 골라서 볼 필요는 없으니까.
그래도 만약에 시간이 없으면, 두 채널에서 가장 조회수가 많은 영상부터 봐.

조회수 3,102만회.

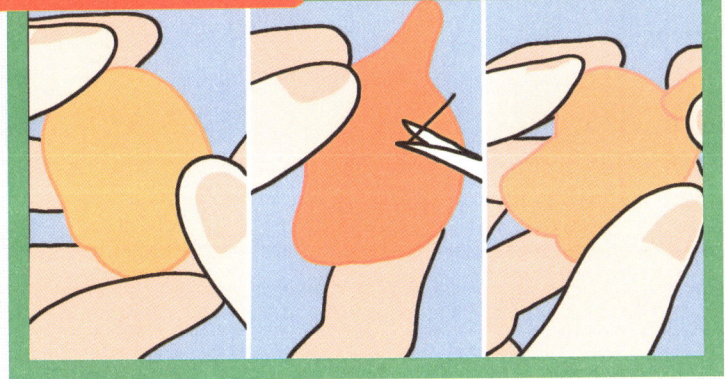

[쪼물쪼물 클레이]에서 가장 많은 조회수를 보여주는 영상이야. 포켓몬스터 속 유명 캐릭터인 '파이리', '리자드', '리자몽'이 만들어지는 과정이 담긴 영상으로, 실제 만화 속 캐릭터와 완벽한 일치율을 보여주고 있지. 이 캐릭터들의 인기가 많아서 그런지는 몰라도, 우리나라에서뿐 아니라 해외에서도 많이 찾는 영상이 됐어.

헉! 내가 제일 좋아하는 포켓몬이야! 저건 꼭 봐야 해!

조회수 1,582만회.

그럼, 이제 [띠부] 채널에서 조회수가 가장 많은 영상을 알아볼까? 띠부에서 가장 많은 소회수를 기록한 영상은 '짱구는 못 말려'에 나오는 철수 캐릭터를 만드는 영상이야. 그런데 단순히 철수 캐릭터만을 만든 게 아니라, 만화 속 철수의 설정에 맞춰 코믹한 상황까지 연출하고 있어서 많은 '짱구는 못 말려' 팬들이 열광하는 영상이 되었지.

어머! 철수한테 저런 설정이 있었단 말이야? 세상에...

자! 이제 정했지? 그럼 빨리 돌아가자! 수업 시간 다 끝나겠어!

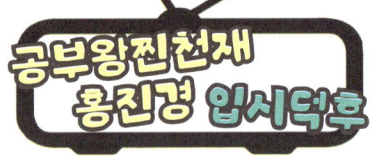

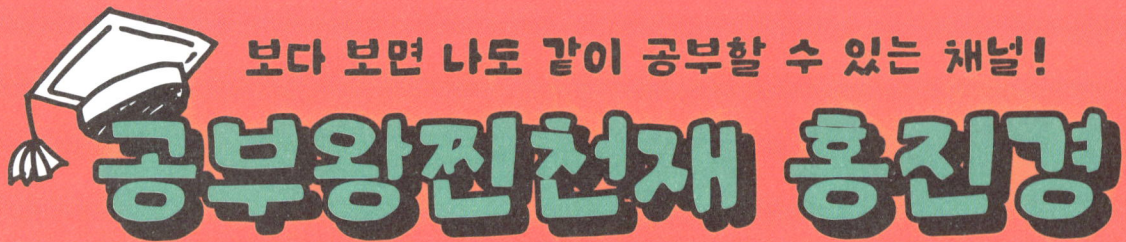

보다 보면 나도 같이 공부할 수 있는 채널!
공부왕찐천재 홍진경

아, 나 안 본다니... 응? 정석준. 넌 왜 여기 있냐?

어? 김지균? 넌 여기 왜...? 어? 한송희?!

자, 조용! 지금부터 소개할 거니까 다들 정숙하고 노트 펴!

뭐야? 너희도 코코가 불러서 온 거야?

공부, 아무리 재밌게 해 보려고, 아무리 가까이해 보려고 해도 안 되는 게 공부지. 엄마, 아빠, 선생님, 명절 때 만나는 친척 어른... 다들 하나같이 공부하라고 하시는데, 이게 마음대로 되지 않는단 말이야. 하지만 그렇다고 안 할 수는 없는 게 또 공부잖이? 그래서 이번엔 공부하는 데 도움을 줄 수 있는 채널을 소개해 줄까 해. 먼저 소개할 채널은, 공부와 예능을 섞은 채널! [공부왕찐천재 홍진경]이야!

공부왕찐천재 홍진경! 간단하게 소개하자면

구독자 수: 132만 명
조회수: 225,391,120회
평균 재생 시간: 10분~20분.
특징: 방송인 홍진경의 이름을 건 웹 예능 채널. 수학, 영어 같은 교과목부터 세금 계산, 춤, 요리같이 다양한 분야를 배우는 공부 콘텐츠가 올라온다. 예능 채널인 만큼, 공부말고 예능 콘텐츠도 즐길 수 있다.

공부왕찐천재 홍진경 채널

그래 봐야 수업하는 거잖아. 재미가 있겠어?

당연히 있지! 왜냐하면 이건 같이 공부하는 채널이니까!

공부와 예능 사이

이 채널은 방송인 홍진경을 고정 멤버로 출연시켜 다양한 공부를 하는 '공부 콘텐츠'를 내보내고 있어. 각 과목에서 유명한 선생님을 모셔 와 수업을 진행하면, 홍진경과 다른 멤버들이 학생이 되어 수업을 듣는 거지. 응? 그럼 그냥 공부하는 거 아니냐고? 그 수업을 듣는 멤버들의 반응이 있잖아. 수업 중에 지루할 수 있는 부분마다 터지는 개그. 따분하다는 생각이 전혀 들지 않을걸?
선생님의 명강의와 멤버들의 개그! 마치 웃긴 친구들이 가득 있는 반에서 같이 수업을 듣는 느낌이 들면서, 자기도 모르게 수업에 집중하고 있을걸? 영상을 마치면 이미 해당 과목을 마스터한 너를 볼 수 있을 거야. 그리고 어쩌면, 공부를 더 해 보고 싶다는 생각이 들지도 몰라!

오~ 그러면 나도 이걸로 공부해야지!

여기서 모든 과목을 배울 수는 없거든?

맞아. 아무리 공부 콘텐츠라고 해도, 본질은 예능이거든.

거기에 학교에서 배울 수 없는 특별 수업!

공부에 지친 머리를 위한 예능 한 소푼!

여기서 얘기하고 싶은 게 있어. 이 채널은 공부 콘텐츠로 설정을 잡은 예능 채널이라는 거야. 공부만 하는 채널이 아니라는 소리지! 홍진경과 멤버들이 벌이는 지식 배틀부터, 공부 잘하는 유명 게스트들의 공부법 탐구까지! 우리들의 공부법을 업그레이드시켜 줄 방법들로 가득하다고! 그리고 학교에서 배울 수 없는 걸 특별수업으로 들을 수 있어. 요리, 춤부터 역사 속 숨겨진 이야기, 세금 계산에 주식 투자까지! 어때? 이건 몰랐지?

아, 그리고 이 채널에서 또 다른 채널을 냈어, [공부방찐천재]!

홍진경 님의 목소리로 배우는 우리나라 역사 채널이니까, 역사를 알고 싶은 친구들은 한번 들어가 보는 것도 좋을 거야.

공부방찐천재 채널 바로 가기

구독자 수: 2.59만 명
조회수: 978,921회
평균 재생 시간: 3분 내외.
특징: 순수 역사 채널로, 홍진경의 목소리와 귀여운 그림체의 만화를 통해 우리나라 역사를 배울 수 있다.

즐거운 학교생활을 원해? 그럼 들어와!
입시덕후

'교육을 위한 장소 중 가장 기본적인 교육기관으로, 교육에 필요한 시설을 갖추고 있으며, 교사의 지도에 따라 학생들이 지식을 얻는 곳'. 이곳은 과연 어디일까? 정답은 바로 학교! 학년이 올라갈수록 수업 시간은 점점 더 늘어나고, 공부 부담은 점점 더 커지고, 친구 사귀는 건 점점 더 어려워지는 곳! 학교 말이야.

앞서 얘기한 [공부왕찐천재 홍진경]. 분명 공부하는 데 도움을 주긴 하지만, 학교에서 7~8시간을 붙어 있어야 하는 이 심정까지는 알지 못한다고. 뭐? 학생이 공부만 잘 하면 되는 거 아니냐고? 너 누구야? 너 엄마 편이야? 아무튼, 이런 고민을 해결해 줄 유튜브 채널을 내가 알려 줄게. 학교에서 생긴 고민은 물론, 최근 입시 트렌드 정보까지! 재미없는 학교생활을 재미있게 바꿔줄 형, [입시덕후] 야.

히히, 이러면 애들이 만만하게 보지 않겠지?

아니? 그냥 입시 덕후 따라 한 것처럼 보이는데?

입시덕후! 간단하게 소개하자면

입시덕후

- **구독자 수:** 75.5만 명
- **조회수:** 564,205,413회
- **평균 재생 시간:** 3분 내외.
- **특징:** 친구 사이 공감 랭킹부터 최신 입시 소식, 초중고 사이에서 유행하는 트렌드 등 학생들 사이에서 공감할 수 있는 모든 걸 짧은 영상으로 만들어 올린다.

입시덕후 채널 바로 가기

오~ 그러면 여기선 공부 안 한다는 거지?

맞아! 여긴 오히려 학교 다니는 데 도움이 되는 걸 알려 주고 있어.

앗싸! 이런 건 좋지! 그런데, 무슨 도움을 준다는 거야?

그건 다음 장에서 설명해 줄게! 가자!

반에 한 명씩은 꼭 있는 친구 유형부터, 꼭 사야 할 인생 지우개, 펜 랭킹까지!

학교가 공부하는 곳이긴 하지만, 정말 공부만 하는 건 아니잖아? 친구도 사귀어야 하고, 점심도 맛있는 것만 먹고 싶고, 친구랑 필기구 비교도 하고, 다른 교복이랑 우리 교복도 비교해 보고… 할 게 너무 많단 말이지? 그런데 이런 건 선생님이나 부모님이 알려 주는 게 아니잖아. 그럼 어디에 물어봐야 할까? 바로 이럴 때 이 채널이 도움이 될 거야! 공부 잘하는 친구들이 추천한 필기구 랭킹부터 예쁜 교복 랭킹, 연예인들이 많이 나온 고등학교 랭킹, 같은 반에 꼭 한 명씩은 있는 친구 유형까지! 우리나라 학교에 다녀 본 사람이라면 전부는 아니더라도 높은 확률로 고개를 끄덕일 재미난 랭킹들을 볼 수 있거든! 아, 밈 활용은 덤이야!

> 잠깐, 학교에 꼭 있는 선생님 유형 중에 걸어 다니는 수면제가 있네? 이거 우리 담임 선생님 아냐?

> 헉, 우리 담임 선생님 같은 선생님이 다른 학교에도 있다고? 충격!

> 아마 다른 친구들도 공감할걸? 그러니까 여기서 영상으로 만든 거겠지만.

> 그럼 이런 주제 중에서 가장 많은 조회수를 올린 영상은 뭘까?

조회수 559만 회.

여기서 가장 많은 조회수를 기록한 영상은 '인생 샤프 TOP5 | 입시 덕후' 영상이야. 필기 좀 해 봤다 싶은 애들은 이미 다 알겠지? 채널 주인이 직접 써 보고 학생들의 투표도 받아서 만든 랭킹이니 믿어도 될 거야. 샤프마다 필기감, 그립감, 안정감, 디자인, 가격 등이 천차만별이니 나에게 꼭 맞을 것 같은 샤프가 있는지 확인해 봐!

> 이럴 수가! 내가 안 써 본 샤프가 있다니! 엄마한테 사 달라고 해야겠어! 엄마♡!

기상천외한 실험, 여기서 다 한다!
허팝! HEOPOP

지균이의 스프링 달린 신발 같은 생각. 다들 한번쯤은 생각해 본 적 있을 거야. 그런데 이걸 다른 사람들한테 말하자니 뭔가 부끄럽고, 이 기발한 생각을 남에게 뺏길 수도 있으니 불안하기도 해. 그런데 생각을 떠올렸으면, 남은 건 뭐다? 직접 실험하는 거지! 그런데 막상 하려고 하면 고려할 게 많아. 뭘 어떻게 준비해야 할지, 어디서 실험해야 할지, 혹시 위험하지는 않을지... 하나둘 신경 쓰다 보면 머릿속에 있던 기발한 생각은 사라지고 말 거야. 그런 친구들을 위해 이번에는 대신 실험해 주는 유튜버를 소개할게. 머릿속에서만 했던 재미난 상상이나 직접 경험해 보기 힘든 걸 대신 이뤄주는 유튜버. 온갖 기상천외한 실험으로 가득 찬 여기는 [허팝] 채널이야.

허팝! 간단하게 설명하자면

허팝 Heopop

구독자 수: 415만 명
조회수: 3,924,478,984회
평균 재생 시간: 10분 내외.
특징: 엄청난 규모로 기상천외한 실험을 하는 콘텐츠가 주로 올라온다. 그 외에 신기한 물건이나 장소 리뷰, 방 탈출, 여행이나 먹방 등 다양한 소재의 영상을 제작한다.

허팝 채널 바로 가기

실험? 무슨 과학 실험 같은 거야?

과학이 기본적으로 깔려 있긴 하지만, 그게 목표는 아니야. 허팝은 그보다 더 재미있는 실험을 해.

재미있는 실험?

응. 예를 들면... 액체 괴물로 채워진 수영장에서 수영한다든가...

뭐?! 액체 괴물 수영장?!

 ## 크기가 다른 허팝의 실험들

허팝 채널은 주로 평범한 집에서 하기 힘든 실험이나, 놀이처럼 재밌을 것 같은 실험을 많이 해. 아까 말했던 액체 괴물 수영장 실험도 그렇고, '햄버거 100개 먹기', '1,000도까지 가열한 뜨거운 쇠구슬을 얼음 위에 놓기', '트램펄린 위에 완충제 쌓아 놓고 뛰어 보기'… 어때? 하나같이 규모가 남다르지? 거기에 허팝은 '수중 레스토랑에서 점심 먹기'라든지, '우리나라에서 가장 오래된 문방구 찾아가 보기', '제일 비싼 비행기 좌석 이용해 보기' 등 우리가 쉽게 떠올릴 수 없고 해 보기도 힘든 것들을 대신 경험해 보는 영상을 올리기도 해.

> 햄버거 100개?! 이거 성공했어?!

> 아니? 햄버거 100개가 너무 많았어.

> 뭐야? 실패한 실험을 왜 올려?

> 실패한 실험도 실험이라고! 항상 성공할 수는 없지!

실험은 됐다고? 그럼 이건 어때? 방 탈출하기!

조회수 1,365만 회.

> 그런데 방 탈출을 하려면 똑똑해야 하잖아. 지균이 너는 못 나오겠다!

> 아니거든? 나 진짜 똑.똑.하.거.든?!

허팝 채널에는 실험말고도 여러 콘텐츠가 있어. 그중 하나가 바로 '방 탈출하기' 시리즈인데, 허팝이 어떤 공간에 갇혀 있고, 거기서 탈출하는 컨셉으로 찍은 영상이야. 특정한 테마에 맞춰 세트장을 만들거나, 다른 장소를 빌려서 방 탈출을 하기도 해. 옆에 있는 영상은 이 시리즈에서 가장 많은 조회수를 보여 주고 있는 영상으로, 목욕탕을 통째로 빌려서 방 탈출게임을 해 보는 허팝을 볼 수 있어. 혹시 방 탈출에 관심 있다면 한번 보는 것도 좋을 거야.

> 진정하고, 다음은 과학 이야기가 한 스푼 들어간 실험 유튜버를 알아보러 가자.

마침 주머니에 실험 도구가 있어서 해 본다!
코코보라

앞서 소개한 허팝이 재밌는 실험 위주의 유튜버라면, 이번에 소개할 유튜버는 간단하지만 신기한 과학 원리를 직접 실험하면서 알려 주는 채널이야. 우리 주변에 숨어 있는 과학 원리를 직접 실험해 보고, 알려 주는 채널! '코코보라'야.

코코보라! 간단하게 설명하자면

코코보라

구독자 67.1만 명

코코보라 채널 바로 가기

조회수: 952,208,838회
평균 재생 시간: 영상당 5분, 실험 동영상은 1분 내외.
특징: 일상 속 궁금증을 직접 실험하고, 그 속에 숨은 과학 원리를 특유의 말투로 설명해 준다. 실험 영상말고 우리가 쉽게 알지 못했던 동물들의 신기한 이야기도 정리해서 올린다.

오~ 재밌겠다. 이건 우리도 따라 해 볼 수 있는 거야?

그럼! 전부는 아니지만 우리가 따라 해 볼 수 있는 것도 얼마든지 있어! 우리도 주머니에 물 몇 방울은 가지고 있잖아?

...어?

생각지도 못한 곳에 숨어 있는 과학
그걸 찾아 알려 준다!

우리 손가락에서 약지, 그러니까 네 번째 손가락은 중지 없이 움직일 수 없다는 거, 알고 있었어? 그리고 우리가 가지고 다니는 공책이나 책 등 어디서나 보이는 종이 있잖아. 그 정도 크기의 종이를 반으로 계속 접는다고 하면, 아무리 힘이 세도 여덟 번 이상 접을 수 없대. 어때? 신기하지? 이렇게 말로만 들어보면 아리송하다가도, 실제로 해 보면 신기한 것들. 코코보라는 이런 것들을 직접 실험하고, 그 원리도 설명해 주고 있어. 아, 설명해 주는 코코 님의 말투가 웃긴 건 덤으로!

세상에 이런 동물이 있다고? 신기한 동물 이야기!

코코보라에는 과학 실험뿐 아니라, 신기한 동물에 대한 이야기도 올라와. 엄청나게 몸집이 큰 '만타가오리'부터, 홍학의 젖이 하얗지 않고 빨간 이유, 해변에서 죽은 고래를 보면 도망쳐야 하는 이유까지! 쉽게 접하지 못한 여러 동물의 신기한 이야기를 5분 내외의 영상으로 재밌게 설명해 주고 있어! 동물의 숨겨진 이야기를 보고 싶어? 그럼 여길 들어가 봐!

혹시 실험 영상말고 다른 건 없냐고? 걱정하지 마! 우리가 몰랐던 동물들의 이야기! 같이 알아볼까?

조회수 1,583만 회.

아, 그리고 이 채널에서 가장 많은 조회수를 기록한 영상도 동물의 숨겨진 이야기를 담아낸 영상이야. '해변에서 죽은 고래를 보면 무조건 도망가야 합니다...'라는 제목의 영상인데, 고래가 죽고 난 뒤 일어나는 일에 대해서 알려주고 있어. 만약 바닷가에 갔는데 죽은 고래를 발견한다면, 이 영상에서 본 걸 떠올리고 최대한 멀리 도망치라고, 알겠지?

 와, 지구에는 엄청 다양한 동물들이 있구나!

그럼! 지구에는 인간만 살고 있는 게 아니라고! 지균이 너는 어떤 동물을 좋아해?

나는 공룡, 그중에서도 티라노사우루스! 큰 입으로 잡아먹고 다니잖아!

그래? 그럼, 티라노사우루스처럼 커다란 몸집과 이빨로 포식자의 위치에 서 있는 왕도마뱀 이야기는 어때?

자, 지균이 네가 공룡을 좋아한다면 이 영상을 한번 봐봐. 코모도왕도마뱀이라는 동물을 소개하는 영상인데, 누가 봐도 공룡의 후손으로 보이는 모습과 덩치, 그리고 강력한 힘에 감탄하게 될 거야. 다른 것도 얘기해 주고 싶지만, 이제 다음 채널도 소개해야 하니까 여기까지만 얘기하고 넘어가자!

조회수 60만 회.

세상에 쓸모없는 물건은 있어도, 쓸모없는 결과는 없다!
긱블

이번에 소개할 채널은 앞서 소개했던 허팝, 코코보라보다 더 본격적인 실험을 하는 곳이야. 재미있는 상상력과 뛰어난 손재주가 만나는 곳. 상상만 해 봤던 특이한 로봇부터, 우리 생활 속에 숨겨진 법칙들까지 알아볼 수 있는 곳! 정말 쓸모없어 보이는 물건들을 만들지만, 그 결과는 전혀 쓸모없지 않은 [긱블]이야!

긱블! 간단하게 설명하자면

조회수: 494,877,829회
평균 재생 시간: 5~25분.
영상별로 재생 시간 격차가 큰 편이다.
특징: 공대생들이 모여 만든 과학 실험 채널. 장난스러운 호기심에서 비롯된 실험을 직접 실연하는 콘텐츠가 주를 이룬다. 사람 사이 심리를 테스트하는 영상도 올라오고 있다.

구독자 **114만 명**

긱블 채널 바로 가기

으윽... 실험 그런 거 아냐? 비커에 용액 넣고...

물론 그런 실험도 있는데, 그보다 더 재밌는 실험도 많다고. 예를 들어... 연필로 다이아몬드 만들기?

연필로 다이아몬드를 만들 수 있다고? 아니, 어떻게?

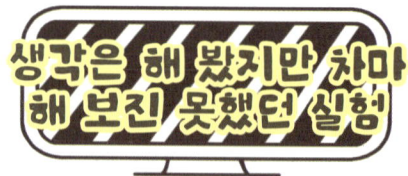
생각은 해 봤지만 차마 해 보진 못했던 실험 여기서 한다!

조금 이상하지? 하지만 연필 속 흑연과 다이아몬드는 똑같이 '탄소'라는 원소로 이뤄진 물질이라서, 흑연을 아주 뜨겁게 달구고, 높은 압력으로 뭉치면 이론적으로 다이아몬드를 만들 수 있대. 궁금하지? 그럼 실험해 봐야지! 긱블은 이렇게 어디서 들어 봤지만, 실제로 가능한지는 모르겠는 걸 직접 실험해. 이것뿐 아니라 유명 FPS 게임에 나오는 총을 만들어 보거나, A4용지로 코코넛을 잘라 보기까지! 생각지도 못한 실험들이 많다고!

 아, 지균이 너 레이싱 게임 좋아하지? 그럼, 이 영상을 좋아할 수도 있겠는데?

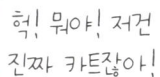 헉, 뭐야! 저건 진짜 카트잖아!

조회수 353만 회.

자, 어때? 게임에서만 보던 그 카트지? 영상을 보면 알겠지만, 실제로 운전도 할 수 있다고! 이 정도는 되어야 실험할 맛이 나지 않겠어? 그리고 '물수제비 튕겨 주는 기계'나 '게임을 할 때 손쉽게 과자 먹게 해 주는 기계' 같은 재밌는 기계나 로봇이 다양하게 올라와 있으니, 끌리는 대로 골라 봐!

 그런데, 난 저런 것보단 사는 데 도움이 되는 걸 좀 더 알고 싶은데…

그래? 그럼 이런 건 어때? '사다리 타기' 게임 해 본 적 있지? 그게 과연 공정한 게임일까?

당연한 건 줄 알았던 게 사실은 아니었다?

일상 속 숨겨진 원리를 밝혀낸다!

그런 적 있을 거야. 친구랑 나, 둘 중 누구 말대로 할지 결정하는 순간 같은 거. 그럴 때 우리는 가위바위보를 하거나, 휴대전화로 사다리 타기 게임을 해서 결정했어. 그런데 그 사다리 게임 속에 비밀이 숨겨져 있다는 거 알고 있었어? 뭘 선택하든 공평한 줄 알았는데, 사실 그렇지 않더라고! 이것뿐만 아니야. 놀이공원이나 PC 게임에서, 출구를 찾아 헤매는 미로를 경험해 본 적 있을 거야. 그런데, 미로를 만나도 쉽게 출구를 찾는 방법이 있다는 사실!

이렇게 긱블은 당연한 줄 알았지만 그렇지 않았던, 공정한 줄 알았지만 그렇지 않았던 숨겨진 비밀을 알려 주고 있어. 그것도 그 원리까지 말이야!

오호, 그러니까 그 영상만 보면 적어도 사다리 게임에서 불리하진 않겠네.

 자, 이렇게 실험 유튜브 채널 3개를 같이 알아봤어. 어때? 다양하지? 그럼 난 여기까지. 어떤 게 가장 재밌는지는 직접 알아보라고!

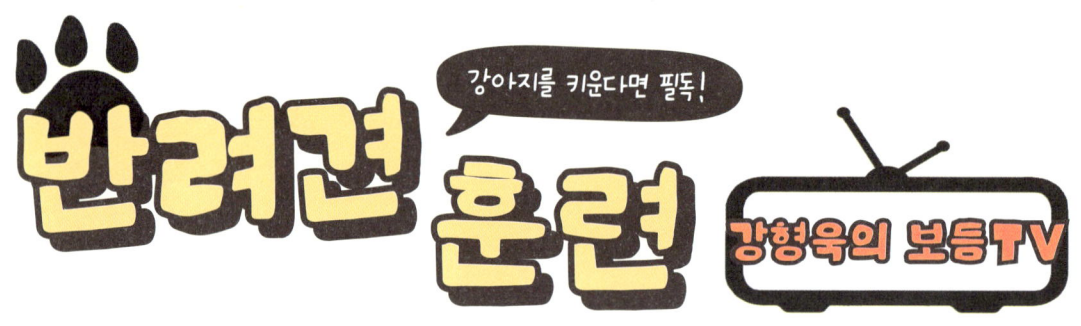

강아지! 아무런 준비 없이 키우면 안 된다!
강형욱의 보듬TV

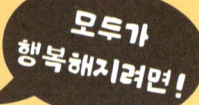

모두가 행복해지려면!

반려동물 천만 시대. 이제는 하나의 가족이 됐다고 해도 무방할 정도로 많은 사람이 강아지를 키우고 있어. 그런데 그거 알아? 강아지를 키우는 사람이 늘어나면서 그와 관련된 문제 또한 점점 증가하고 있다고 해.
주인 눈에는 귀엽겠지만, 이웃집이나 다른 친구들한테는 그렇지 않을 수 있어. 제대로 교육 받지 않은 강아지가 흥분해서 물어 버리기라도 한다면, 자칫 물린 사람의 목숨까지 위협 받을 수 있으니까.

네? 문제요? 이렇게 귀여운데?

헉! 강아지 키우면 안 되는 거 아냐?!

그건 아니야! 올바르게 훈련만 한다면, 모두가 안전하고 즐겁게 강아지를 키울 수 있어.

이번에 소개할 유튜브 채널은 바로 이걸 해결해 줄 수 있는 채널이야. 우리나라의 유명 반려견 훈련사 강형욱 님이 직접 하는 유튜브 채널! 반려견에게 해야 할 교육부터 다양한 견종 소개, 유명인들의 반려견까지 만나 볼 수 있는, [강영욱의 보듬IV] 채널이야.

강형욱의 보듬TV, 간단하게 소개하자면...

강형욱의 보듬TV

구독자 수: 185만 명
총 조회수: 552,657,199회
평균 재생 시간: 5~20분. 영상별로 재생 시간 격차가 큰 편이다.
특징: 유명 반려견 훈련사 강형욱의 이름을 걸고 만들어진 반려견 교육 채널. 반려견 기초 교육 및 상식부터 견종별 특징, 반려견 관련 이슈까지 다양한 콘텐츠가 올라온다. 유명인들이 반려견과 함께 출연하기도 한다.

강형욱의 보듬 TV 채널

반려견 키우는 게 힘드신가요?
제게 물어 보세요!

이 채널에서는 아래와 같은 정보를 얻을 수 있어!

첫 산책, 어떻게 해야 할까요?

처음으로 산책하는 어린 강아지들은 일단 거주하는 집 주변을 가볍게 산책하는 게 좋아요. 그렇게 산책에 적응하고, 재미도 붙이게 되면 그때 산책 경로를 늘리는 거죠. 이렇게 하는 이유는, 아직 어린 강아지들은 산책이 뭔지 모르기 때문에, 처음부터 무리하게 되면 되레 산책을 무서워할 수 있기 때문이에요.

웰시코기랑 노는데 제 손가락을 깨문다면, 어떻게 해야 할까요?

웰시코기는 놀다가 보호자를 깨무는 경우가 있는데요. 깨무는 행동 자체는 지극히 자연스러운 행동으로, 이 행동을 막을 수는 없어요. 다만 너무 세게 깨물었을 경우, 짧고 강력하게 '아!' 소리를 내시고 몸을 틀거나 벌떡 일어나세요. 이 행동의 의미는 '네가 나 깨물어서 너무 아팠어.'란 뜻으로, 이러면 어린 웰시코기는 행동을 멈출 거예요.

산책할 때 필요한 가슴줄, 잘 잡는 방법이 있나요?

'리드줄'이라고 불리는 강아지 전용 목줄이 있는데요. 이 줄 끝에는 고리가 하나 있어요. 그 고리에 엄지손가락을 걸고, 남은 네 손가락은 고리의 남은 부분을 꽉 붙잡아야 해요. 그리고 반대쪽 손으로 줄 중간을 잡아 주면 안전한 줄 잡기 완성!

어, 왔니? 구독해. 피식대학

어? 나 이 채널 알아! '어, 왔니?' 그거잖아!

그래? 이미 재밌게 보고 있었구나.

아니, 나 말고 삼촌이 재밌게 보더라고.

오~ 삼촌이 봤다? 삼촌이 뭐라고 해?

자기 학생 때 얘기라면서 반가워했어. 어, 아닌가? 저 모자 쓴 사람, 산악회 아저씨로 나왔던 것 같은데? 어어? 뭐지?

자! 본격적으로 설명하기에 앞서, 먼저 얘기해 줄 게 있어. 예전에는 TV 방송에 다양한 개그 프로그램들이 있었어. 그런데 이런 프로그램들이 많이 사라지면서 희극인들이 설 수 있는 무대가 줄어들었지. 그래서 많은 희극인이 유튜브에 영상을 올리기 시작한 거야. 이 채널은 그렇게 만들어진 채널 중 하나로, 정재형, 김민수, 이용주이라는 희극인 3명의 콩트가 다양한 주제로 올라오고 있어. 콩트를 통해 만든 세계관을 확장해 커버 곡, 먹방, 패러디 등 여러 콘텐츠도 제작하고 있지. [피식대학], 벌써 웃고 있니?

피식대학! 간단하게 소개하자면

총 조회수: 1,080,323,017회
평균 재생 시간: 10~30분.
영상별로 재생 시간 격차가 큰 편이다.
특징: 희극인 3명의 주도로 운영되는 개그 콘텐츠 채널. 시리즈의 주인공을 취재하듯 촬영하는 페이크 다큐 콘텐츠가 주로 올라온다. 시리즈가 많아지면서 출연자들의 '부캐'가 여러 시리즈에 등장하는 등 세계관이 점점 커지고 있다.

구독자 233만 명

피식대학 채널 바로 가기

한창 방송에서 화제가 된 용어가 있지. 바로 '부캐'! 한 사람이 평소의 자신과 전혀 다른 모습, 캐릭터로 활동하는 것을 의미해. 이 채널은 부캐를 아주 잘 활용하고 있지. 같은 시리즈 안에서만 등장하는 게 아니라 모습을 바꿔 다른 시리즈나, 아예 다른 방송에 출연하기도 하거든. 심지어 한 사람이 부캐를 여러 개 만들어서, 부캐끼리 관계성을 부여하기도 해. 점점 피식대학만의 세계관이 만들어지는 거지.

아니? 이렇게 만든 부캐를 이용해 또 다른 콘텐츠를 만들거나, 시리즈를 이어서 시즌2를 만들기도 하고, 아예 새로운 콘텐츠를 만들기도 해. 피식 대학의 새로운 시리즈 '피식쇼'야. 해외 시청자들을 위해 만들어진 콘텐츠로, 초청 연예인들과 영어로 진행하는 토크쇼 컨셉의 영상이야. 이 콘텐츠의 댓글을 봐봐. 실제 해외 시청자들의 댓글을 볼 수 있을 거야.

중간평가

자, 지금까지 봤던 유튜브 채널들, 기억하고 있어? 잘 기억하는지 한번 볼까?

1 아래 빈칸들을 채워 보세요.

안녕? 내 이름은 각별. ☐☐☐☐☐ 팀원들이랑 노는 게 제일 좋은 별이야. 어디서 노냐고? 마인크래프트에서 놀지! 나랑 우리 팀원들은 그 게임 안에서 직접 세트장을 만들고, 각자 역할을 나눠 가진 뒤에 상황극을 진행해. 주로 내가 장난치는 편인데, 상황에 따라 다르지! 나와 우리 팀원들을 가지고 책도 나왔다는데, 나중에 시간 되면 한번 봐 줘! 알겠지?

안녕? 난 비챤이라고 해. 난 ☐☐☐☐☐☐☐ 에서 막내를 맡고 있어. 어떤 그룹이냐고? 혹시 VR이라고 들어봤어? 쉽게 말해 가상 현실에서 원하는 아바타로 움직일 수 있는 기술이야. 나는 이 가상 현실에서 6인조 걸그룹의 멤버로 활동하고 있어. 우린 'RE : WIND'라는 곡으로 데뷔했고, 각자 개인 방송이랑 노래 커버 영상도 꾸준히 올리고 있어. 어때? 우리 노래 한번 들어 볼래?

안녕? 난 고탱이야! 우리 팀은 웃긴 콘텐츠를 만드는 팀이지. 내가 어떤 그룹에 속해 있냐고? 벌써 발하면 안 되지! 꼭 이런 사람들이 있다니까? 문제를 들으면 바로 정답부터 붙여보는 사람! 오? 이거 괜찮은 거 같은데? '문제 풀 때 유형'! 어때? 재밌겠지? 그럼 난 새로운 유형을 찾으러 이만!

2 고탱이 속한 그룹의 이름은 무엇일까요?

3

다음 설명을 듣고, 옳지 않은 것을 모두 골라 주세요.

❶ 픽셀리는 잠뜰TV를 중심으로 만들어진 마인크래프트 게임 크루다.
❷ 웃소는 유형별 공감 영상을 주로 만들며, 남자 멤버들로만 구성된 크루다.
❸ 이세계아이돌을 만든 사람은 '잠뜰TV'로, 잠뜰을 포함해 6명이다.
❹ 이세계아이돌은 실제 국내 음원사이트에 음원을 냈으며, 실시간 차트 1위에 오르기도 했다.
❺ 웃소라는 이름은 '웃음 코뿔소'의 줄임말이다.

정답 ① 픽셀리 (혹은 pixelry), 이세돌 (혹은 이세계아이돌) ② 웃소 (혹은 웃음 코뿔소) ③ 2, 3번

4

다음 설명을 듣고, 각자 어떤 채널인지 맞혀 보세요.

A: 난 그림 같은 음식을 만들어.

B: 오~ 나랑 비슷하네? 나도 음식 같은 걸 만들어.

A: 그래? 넌 뭘 이용해서 만들어? 난 프라이팬이랑 색깔 반죽을 이용해서 팬케이크를 만들어.

B: 넌 진짜 팬케이크를 말하는 거야? 난 나처럼 모형인 줄 알았네.

A	B

5

ㅂ ㅊ ㅇ 유튜버

· 가상 현실에서 활동하는 방송인을 가리키는 단어.
· 'VR Chat' 프로그램 속 가상 현실에서 현실과 다른 새로운 모습으로 사람들을 만나고, 개인 방송을 진행하기도 하는 사람.
· 안면 인식 프로그램을 이용해 실제 얼굴이 아닌, 캐릭터의 얼굴로 방송하는 사람.
· '키즈나 아이'라는 방송인이 자신을 소개할 때 처음 사용했음.

답: _____

6

'공부왕찐천재 홍진경' 채널에 대해 바르지 않게 설명을 한 아이는 누구인가요?

지균: 방송인 홍진경 님을 고정 멤버로 촬영하는 채널이며, 다른 동료 연예인들두 같이 출연하기도 해.

송희: 엄연히 교육 채널로서, 웃음기 하나 없이 공부만 하는 채널이지.

석준: 수학, 영어 같은 학교 수업부터 요리, 춤도 있는 등 다양한 과목을 공부하며, 추가로 한국사를 배울 수 있는 [공부방찐천재] 채널이 따로 있어!

④ A: 종이접기, B: 팬케이크 ⑤ 버추얼 ⑥ 송희

7

다음 보기 중 '입시덕후' 채널이 다룰 만한 소재가 아닌 것을 골라 주세요.

❶ 반에 꼭 한 명씩 있는 친구 유형
❷ 연예인들 가장 많이 나온 고등학교는 어디?
❸ 모르면 손해 보는 인생 샤프 TOP5
❹ 초등학교와 중학교 차이점 정리
❺ 입시덕후의 먹방 브이로그

8

실험 유튜버에 관한 OX 퀴즈를 풀어 보자!

OX 퀴즈

- 허팝 채널은 재밌을 것 같지만, 엄두가 안 나는 실험을 대신해 주는 실험 유튜버다. O X
- 코코보라 채널은 과학 실험뿐만 아니라 신기한 동물 이야기도 하는 채널이다. O X
- 긱블 채널은 실제로 게임 속 카트를 만든 적이 있다. O X
- 허팝 채널에서 찍은 모든 실험은 성공했다. O X

9

아래 그림이 의미하는 것과 관련된 채널은 ☐☐☐☐ 이다.

10

다음 그림을 보고, 그림 속 남자에게 추천할 채널로 가장 바람직한 곳을 추천한 아이는 누구일까요?

① 지금 이 남자는 심심해 하고 있어. 네모아저씨 채널을 보여 줘서 재밌는 종이접기를 알려 줘야 해.

② 아니야. 저 아저씨는 강아지를 들어야 하잖아. 종이접기 할 손이 없어. w motion 채널을 추천해서 재밌는 애니메이션을 보여 줘야 해.

③ 말도 안 돼! 저건 산책이 아냐! 강형욱의 보듬tv를 보여줘서 올바른 산책 방법을 알려 줘야 해.

11

코코가 설명하고 있는 실험 유튜버가 누구인지 빈칸을 채워 보세요.

공책 정도 크기의 종이를 접어 보면, 아무리 해도 8번 이상 접을 수 없대. 어때? 신기하지? 이렇게 말로만 들어 보면 아리송하다가도, 실제로 해 보면 신기한 것들. [   ]는 이런 것들을 직접 실험하고, 그 원리도 설명해 주고 있어.

재미있는 상상력과 뛰어난 손재주로 세상에 쓸모없는 물건들을 만들지만, 그 결과는 전혀 쓸모없지 않은 [   ]이야!

대체 어떤 물건을 만드냐고? 예를 들면 상상 속에만 있던 로봇부터 물수제비 튕겨 주는 기계나, 게임을 할 때 손쉽게 과자 먹게 해 주는 기계처럼 재밌는 기계까지도 만든다구!

[   ]은 우리가 생각하는 것보다 더 재미있는 실험을 해.

예를 들면... 액체 괴물로 채워진 수영장에서 수영한다든가...

뭐?! 액체 괴물 수영장?!

 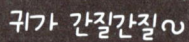  

ASMR 먹방의 대표 채널! Jane ASMR

냠냠, 쩝쩝, 후루룩, 꿀꺽... 이 소리들의 공통점은 뭘까? 바로, 뭔가를 먹을 때 내는 소리라는 거야. 너무 과하면 듣는 사람을 불쾌하게 할 수 있지만, 적당한 크기의 먹는 소리는 듣는 사람에게 음식에 대한 궁금증을 불러일으키면서 식욕을 돋우는 소리가 되지. 바로 이걸 겨냥해서 나타난 유튜버들이 바로 'ASMR 먹방' 유튜버들이야. 이번에 소개할 유튜버는 그런 ASMR 먹방의 대표라고 할 수 있는 채널이야. 시선을 사로잡는 형형색색의 예쁜 디저트와 음식의 다양한 식감이 그대로 느껴지는 사운드. 아마 비슷한 영상을 한 번이라도 본 적 있다면 이미 알고 있을걸? [Jane ASMR].

오~ 그냥 먹방도 아니고, ASMR 먹방이라...

먹는 소리에 좀 더 집중한 먹방이라고 생각하면 될 거야.

Jane ASMR! 간단하게 설명하자면

Jane ASMR 제인

조회수: 7,314,534,567회
평균 재생 시간: 10분 내외.
특징: 빨간 입술만 등장하는 것으로 유명한 먹방 ASMR 유튜버. 영상마다 음식의 색이나 종류, 모양을 통일하는 경우가 많은데, 주로 알록달록 화려한 색감의 디저트를 먹는다.

구독자 1,780만 명

Jane ASMR 채널 바로 가기

 그러니까, 초콜릿이나 젤리를 먹고 그 소리를 ASMR로 듣는다는 거지?

그렇지! 바로 그거야!

그런데 이런 게 왜 인기 있는 거지? 그냥 먹는 거잖아.

그건 영상을 보면 알 수 있지. 따라와!

알록달록한 디저트와 ASMR

눈과 귀 둘 다 만족하는 먹방

조회수 3.1억 회.

이 채널에서 가장 많은 조회수를 기록한 영상이야. 알록달록한 색의 케이크와 마카롱, 초콜릿으로 만든 숟가락을 먹는 영상인데, 다른 영상과 마찬가지로 제인은 말 한마디 없이 앞에 놓인 음식들을 하나하나 천천히 먹을 뿐이야. 하고 싶은 말은 아래 자막으로 나오고, 크림이 입 안에서 녹는 소리, 초콜릿이 오독오독 씹히는 등 음식의 다양한 식감이 느껴지는 소리들은 이어폰을 타고 우리 귀로 들어오지.

그러니까. 그냥 먹는 영상인데 왜... 어라? 나 왜 침 흘리고 있지?

어때? 신기하지? 내가 먹고 있는 게 아닌데도, 괜히 침이 넘어가지?

오, 나 방금 눈감고 듣기만 했는데, 더 잘 들리는 것 같았어. 이것도 같은 원리 맞지?

이 채널의 강점은 눈과 귀를 둘 다 만족시킨다는 거야. 영상을 보면 실감 나는 소리와 음식의 알록달록한 색감을 극대화하기 위해서 다른 요소들을 최대한 차단했음을 알 수 있어. 배경은 검게, 얼굴은 입술까지만, 말도 일절 하지 않기! 그 결과 사람들이 음식의 소리와 색감에 더욱 집중할 수 있게 되었지.

아, 이참에 여기서 또 하나 재미있는 걸 알려준다면, 아까 봤던 초콜릿으로 만든 숟가락처럼 재밌는 모양의 간식이 영상 곳곳에 숨겨져 있다는 거야. 립스틱, 주사위, 빗과 거울, 휴대전화까지! 물론, 이건 실제 사물이 아니고 초콜릿이나 젤리 같은 걸로 모양을 낸 거야. 그러니까 혹시나 따라 하면 안 돼. 알겠지?

당연하지! 내가 지균인줄 알아?

좋았어! 그러면 다음 유튜브 소개로 넘어가 볼까?

그러니... 응? 뭐라고?

 편의점 음식으로!

리얼사운드 요리 & 먹방 유튜버
이공삼

앞서 소개했던 [Jane ASMR] 채널이 형형색색의 알록달록한 디저트를 주로 먹는 채널이라면, 이번에 소개할 유튜버는 치킨, 볶음면, 핫도그 같은 주요리를 본격적으로 먹는 유튜버야. 왜 본격적으로 먹냐고? 이 유튜버는 자기가 직접 재료를 준비하고, 요리한 다음 먹방을 하거든. 컵라면, 그중에서 특히 불닭볶음면을 즐겨 먹는 ASMR 먹방 유튜버. [이공삼]이야.

이공삼! 간단하게 설명하자면

> 이 사람은 얼굴이 다 나오네. 전에 봤던 제인 ASMR이랑 다른데?

구독자 수: 1,090만 명
조회수: 2,628,664,882회
평균 재생 시간: 15분 내외.
특징: 요리 과정부터 먹방까지 한 영상에 담아내는 ASMR 먹방 유튜버. 불닭볶음면, 치킨, 핫도그 등 빨간 색감의 자극적인 음식이 주 콘텐츠다. 가끔 다른 먹방 유튜버들과 같이 먹방을 찍기도 한다.

이공삼 채널 바로 가기

> 모든 ASMR 먹방이 다 같아야 하는 법은 없지. 자, 그러면 설명 들어간다!

 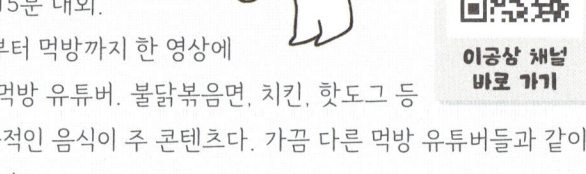 모든 걸 직접 한다!

이공삼은 단순히 ASMR 먹방을 하는 채널이 아냐. 자신이 먹을 음식을 직접 만들어서 먹방을 진행하거든. 간단하게는 편의점에서 파는 음식부터, 핫도그, 치킨, 피자, 햄버거에 가끔은 김치까지 만들더라고. 그래서 이 채널은 단순히 ASMR 먹방뿐만 아니라, 재료 손질부터 조리, 접시에 담기는 과정까지 볼 수 있어. 한 영상으로 요리와 먹방을 둘 다 볼 수 있다니, 일석이조라니까!

> 나도 컵라면은 맛있게 만들 수 있어!

> 그걸 말하는 게 아니잖아.

 후루룩!

 그럼, 이 채널에서 가장 많이 먹는 게 뭐야? 피자? 치킨? 햄버거?

 불닭볶음면.

응? 불닭볶음면이나 짜파게티 같은 볶음면!

새빨간 불닭볶음면 먹방

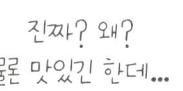 해외에서도 관심 집중!

이 채널의 영상을 보다 보면, 섬네일에 있는 음식들이 대체로 빨간 걸 볼 수 있어. 그리고 한쪽에 불닭볶음면이 심심치 않게 등장하지. 이공삼 채널은 불닭볶음면을 먹방으로 자주 먹는 채널이야

 진짜? 왜? 물론 맛있긴 한데...

 조회수 1,447만회.

불닭볶음면이 전 세계적으로 인기를 끌게 되면서 그걸 먹방 콘텐츠로 올리는 유튜버들이 많아졌거든. 이공삼도 그런 채널 중 하나로, 실제로 이 채널에서 가장 많은 조회수를 보여 주고 있는 게 편의점에서 파는 다양한 종류의 불닭 먹방 영상이야. 너도 불닭볶음면을 좋아한다면 한번 봐봐. 생각보다 다양한 종류의 불닭을 볼 수 있을 거야.

 자, 이렇게 ASMR 먹방 유튜버를 알아봤어. 어땠어?

재밌었어! 그런데 조금 아쉽기도 해.

어떤 게 아쉬워?

나는 먹방 ASMR보다는 사물을 이용한 ASMR을 더 좋아하거든.

 응! 가자! 마침 잘됐다! 다음으로 소개할 채널은 사물을 이용한 소리가 주된 콘텐츠거든. 송희 네 마음에 꼭 들걸? 얼른 가 보자!

세상 속 다양한 소리, ASMR로 전달한다!
Vito ASMR

ASMR은 'Autonomous Sensory Meridian Response'의 약자로, 자율 감각 쾌감 반응이라는 뜻을 가지고 있어. 이것만 보면 무슨 소리인가 싶지? 조금 이해하기 쉽게 얘기하자면, 우리에게 심리적으로 안정감을 주거나 소름이 살짝 돋을 정도의 감각을 일으키는 소리 정도로 생각하면 될 거야. 면봉으로 살살, 귀 청소하다가 살짝 소름 돋았던 경험 다들 한 번씩은 있지? 그걸 생각하면 이해하기 쉬울 거야.

이번에 소개할 유튜버는 이런 소리에 특화돼 있는 유튜버야. 귀 청소하는 소리부터 시작해서 눈 밟는 소리, 연필로 필기하는 소리나 책 넘기는 소리 등 익숙하지만 묘하게 기분 좋은 소리를 모아 놓았지. [Vito ASMR]. 한번 소개해 볼게.

Vito ASMR! 간단하게 설명하자면

내가 아까 보던 게 이거였어! 진짜... 좋아!

구독자 수: 186만 명
조회수: 463,830,417회
평균 재생 시간: 1~2시간 내외. 긴 건 4시간이 넘는 영상도 있다. 평균적으로 1시간 30분이다.
특징: 마이크와 손, 그리고 소리를 낼 사물만 영상에 나와 ASMR 소리를 녹음한다. 한 영상 안에 다양한 소리를 녹음 했으며, 중복되는 소리도 많다.

Vito ASMR 채널 바로 가기

그러니까 뭐가 어떻게 좋다는 거야? 소름 끼치는 게 좋은 거야?

사실, ASMR은 듣는 사람에 따라 호불호가 심하게 갈리는 편이야. 왜 좋냐고 하면 설명하기 힘든 게 당연해. 사람마다 좋아하는 이유가 다르기도 하고. 송희야. 너는 ASMR를 듣기 시작한 계기가 뭐야?

어... 나는 얼마 전에 밤늦게까지 잠이 안 온 적 있었거든. 그래서 자는 데 도움이 되는 영상을 찾다가 듣게 됐어.

엥? 이게 잠 오게 하는 소리라고?

 # ASMR로
숙면을 취해 봐

이 채널 영상의 제목을 쭉 훑어보면 '수면'이나 '잠' 같은 단어들을 심심치 않게 볼 수 있어. 마음이 불안하고 답답해서 잠이 오지 않는 날이 있잖아. 그런 날에는 여기로 와서 영상을 틀어 봐. 그럼 한결 나아지는 걸 느낄 수 있을 거야.

 맞아! 나도 잘 때마다 듣는다니까?!

 난 오히려 신경 쓰여서 잠이 깰 것 같은데?

그럴 수 있어. 실제로 ASMR의 효과가 과학적으로 증명된 건 아니거든.

 뭐? 그럼 도움이 안 되는 거야?

사람에 따라 개인차가 있다는 거지. 어떤 사람은 편안함만 느낄 수도, 어떤 사람은 수면에 도움을 받을 수도, 또 어떤 사람은 불편하기만 할 수도 있어.

ASMR과 함께 자주 등장하는 용어가 있어. 바로 '팅글'이라는 말이야. '기분 좋은 소름'이라는 뜻으로 이해하면 되는데, 미용실에서 머리 자를 때, 귀 근처에서부터 약하게 소름이 돋는 느낌? 아무튼 이 채널에는 이 팅글을 유발하는 소리도 많이 있어. 그런 영상 중에서 사람들이 가장 많이 찾은 영상을 말해줄게.

조회수 1,886만 회.

'ASMR학과 팅글학 개론 제1강'이라는 영상으로, 비누 자르는 소리, 귀 청소하는 소리, 얼음 잘그락거리는 소리 등 팅글을 잘 느낄 수 있는 소리가 담긴 영상이야. 뭔가 나른하거나 귀가 간지러운 느낌을 받고 싶어? 그럼, 이어폰을 귀에 꽂고, 이 영상을 들어 봐. 한쪽 귀에서 멀어지면 다른 쪽 귀에서 가까워지는 신기한 느낌의 소리를 들을 수 있을 거야.

 음... 확실해졌어! 잘 모르겠어! 이런 거 말고 좀 확실한 ASMR은 없을까?

좋았어! 그럼 하나만 더 알아보러 가자! 소리만 담거나 먹방도 하고, ASMR로 상황극도 하는 유튜버를 소개해 줄게.

반려동물과 같이하는 ASMR 상황극
꿀꿀선아

자, 지금까지는 ASMR을 이용해 수면에 도움이 되는 영상을 만드는 유튜버랑 ASMR 먹방으로 입맛을 다시게 하는 유튜버들도 소개했어. 그런데 이런 걸 모두 하는 유튜버는 없을까? 굳이 다른 채널로 갈 필요 없이, 한 채널에서 했으면 좋겠는데? 이런 생각이 들었다면 지금 내가 하는 말을 들어 봐. 이번에 소개할 유튜버는 앞서 소개했던 콘텐츠와 더불어 재미난 상황극으로 듣는 사람의 귀를 간지럽히는 채널이야. 다양한 ASMR 콘텐츠를 한 번에 볼 수 있는 채널. [꿀꿀선아] 채널이야.

꿀꿀선아! 간단하게 설명하자면

조회수: 488,938,667회
평균 재생 시간: 15분~1시간. 영상별로 재생 시간 격차가 큰 편이다.
특징: 상황극, 먹방, 브이로그 등 다양한 ASMR 콘텐츠를 올리는 ASMR 유튜버. 반려동물 미니피그도 가끔 영상에 등장한다.

구독자 185만 명

상황극? 상황극이 뭐야?

어떤 특정한 사건이나, 장소 등을 정하고, 그것에 맞춰서 즉흥적으로 연기하는 걸 말해. 아마 TV 예능에서 몇 번 봤을 거야.

소곤소곤, 귀를 간지럽히는 상황극

꿀꿀선아 채널에서는 다양한 ASMR 콘텐츠를 하고 있는데, 이번에 얘기할 건 ASMR을 이용한 상황극 콘텐츠야. 실제로 귀를 긁어 주는 것 같은 귀 청소 상황극부터, 듣고 있으면 머리가 간지러운 머리 손질, 괜히 이가 아파지는 치과 치료까지. 아직 경험해 보지 않은 상황일 수도 있지만, 꿀꿀선아의 연기와 함께 귀를 타고 들어오는 일상의 소리가 네 귀를 간지럽힌다는 건 확실할 거야. 아, 가끔 연예인들과 같이 상황극을 하기도 하니까, 관심 있으면 들어 봐.

....ASMR은 차분해지는 거 아니었어?

 그런데 왜 채널명이 꿀꿀선아야? 꿀꿀은 돼지인데?

그건 아마도 이 유튜버가 반려동물 돼지를 키우기 때문인 것 같아.

 돼지가 반려동물이라고?

그럼, 반려동물 미니피그 '핑돼'를 소개할게!

귀여운 반려동물과 같이하는 ASMR

꿀꿀선아는 많은 반려동물을 기르고 있어. 그 안에는 돼지 중에서 몸집이 작은 종인 미니피그도 있어. 이 채널에 가끔 등장하는 미니피크가 바로 핑크 돼지 '핑돼'야. 주인을 잘 따르고 영리한데다가, 애교도 넘쳐서 많은 구독자의 마음을 사로잡았어.

 오~ 신기해! 돼지를 기른다고? 나도 볼래!

자, 옆에 있는 이 채널이 꿀꿀선아의 반려동물을 볼 수 있는 채널이야. 여기서 반려 돼지의 매력에 빠져 보라고!

꼴꼴한 냥냥이 채널 바로 가기

꼴꼴한 냥냥이 GGNN

 조회수 1,369만회.

아, 이 채널에서 가장 많은 조회수를 보인 영상도 핑돼가 나오는 영상이야. 새끼일 때 핑돼의 밥 먹는 소리를 담은 영상으로, 망고수박과 개껌을 전투적으로 먹는 핑돼의 모습과 그 소리를 들을 수 있어. 반려동물을 좋아하거나 색다른 ASMR 소리를 듣고 싶다면 꼭 들어 봐. 단, 확실하게 말하는데, 이건 수면에 도움이 되는 영상이 절대 아니란 거야. 그러니까 자려고 이 영상을 틀지는 마. 알겠지?

자, 여기까지 ASMR 유튜버를 알아봤어. 어땠어?

 이미 본 것도 있고, 새로운 것도 있고, 재밌었어.

나도. 같은 이어폰으로 듣는 건데 다르게 느껴지는 것도 신기했어.

헤헤헤, 재밌었다니 다행이네!

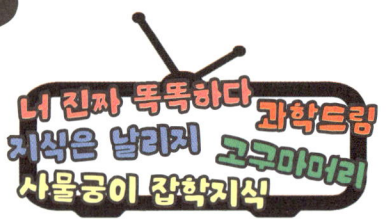

여기 오면 이 말을 들을 수 있을걸?
너 진짜 똑똑하다!

 응? 갑자기 똑똑하다고? 쑥쓰럽게...

 그거 아니거든? 채널 이름이거든?

 그래. 코코가 고장 나지 않고서야 너한테 그런 말을 하겠니?

 그러니까 말이야 ㅋㅋㅋ

 야! 한송희! 정석준!

'책 속에 길이 있다.', '독서는 마음의 양식이다.', '책이란 넓디넓은 시간의 바다를 지나가는 배다.' 이런 말 들어 본 적 있어? 모두 독서와 관련된 명언들이야. 이거 말고도 역사에 이름을 남긴 위인들도 독서를 권장하는 말을 했으니, 그만큼 좋은 책을 읽는다는 건 우리가 살아가는 데 있어서 중요한 일이란 거지. 하지만 막상 책을 읽으려고 하면 고민이 한두 개가 아니야. 어떤 책을 읽어야 할지도 모르겠고, 막상 책을 고르긴 했는데, 무슨 내용인지도 모르겠고, 결론적으로 이 책이 뭘 말하는지도 모르겠고! 그런 고민을 해 본 적이 있다면, 이 채널에 한번 들어가 보는 게 어때? 막연한 독서를 쉽고 재밌게! 거기에 책에 담긴 교훈까지!

 너 진짜 똑똑하다! 이 말을 듣게 해 줄 채널이야.

너 진짜 똑똑하다! 간단하게 소개하자면!

조회수: 82,336,964회
평균 재생 시간: 10~20분 내외.
특징: 영상에 책의 핵심 정보와 교훈을 담아내는 독서 유튜버로, 철학에 기반한 사회 심리 콘텐츠도 올라온다. '독서에 유튜브 감성을 끼얹는다.'라는 설명처럼 빠르고 간결한 설명과 적절한 밈 활용이 특징이다.

 구독자 **106만 명**

너 진짜 똑똑하다 채널 바로 가기

106

 책? 나도 책 많이 읽는데?

김지균 네가? 무슨 책 읽었는데? 만화책말고.

 교과서.

하하, 이 채널에서 다루는 책은 교과서가 아니야. 그리고 여기서 알려 주는 교훈은 살면서 한 번씩 고민해 볼 수 있는 문제에 도움을 주는 것들이거든.

이런 게 책에 있다고?

이 채널에서 다루는 책, 그 책들이 가지고 있는 교훈은 주로 우리가 살아가면서 겪게 되는 사회적 문제에 대한 것들이야. '쟤는 별것 없는데 왜 똑똑해 보이지?', '친구들한테 무시당하는 것 같은데, 어떻게 하면 될까?' 같은 고민, 그 고민을 도와줄 수 있는 책을 소개하고, 교훈을 얘기해주거든.

정말 다들 이런 고민을 한다고?

그렇게 생각할 줄 알았지! 자!

조회수 208만 회.

이 채널에서 가장 많은 조회수를 보여주는 영상으로, 제목은 '역대급 사기꾼이 알려 주는 유능해 '보이는' 비법'이야. 이 영상은 책 소개는 아니지만, 사회심리학을 기반으로 사람들이 어떤 사람을 유능하게 생각하는지에 대해 설명해 주고 있어. 사람들이 그만큼 이런 고민을 많이 하면서 산다는 거겠지?

 살면서 다양한 사람을 마주하다 보면, 모두가 할 수밖에 없는 고민이야. 이 채널은 그런 고민을 관련 책이나 사회 이슈를 통해 알려 주고 있지. 어렵고 무거운 주제도 재밌게 풀어내고 말이야. 앞으로 고민이 생기면 이 채널을 이용해 봐!

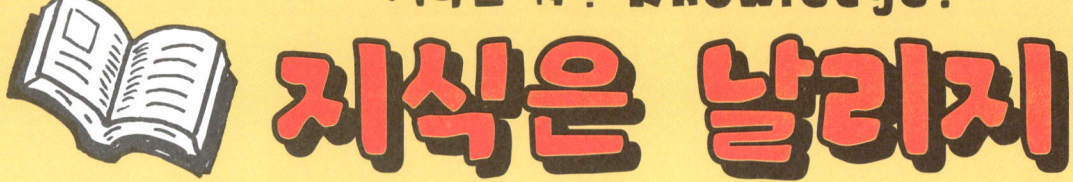

지식은 뭐? Knowledge!
지식은 날리지

 뭐야? 또 공부하는 유튜버야? 안 봐!

에이, 그래도 코코가 소개하는 건데, 한번 보기라도 하자.

 고마워. 그럼, 바로 소개할게.

이번에 소개할 지식 채널도 재미있을 거야. 전문지식이 필요한 궁금증을 쉽고 재밌게, 살짝 멍청해 보이기까지 한 그림체들로 잘 설명해 주는 채널이거든. 지식이 영어로 뭐지? Knowledge! 그래서 이 채널의 이름도 [지식은 날리지] 야.

지식은 날리지! 간단하게 소개하자면

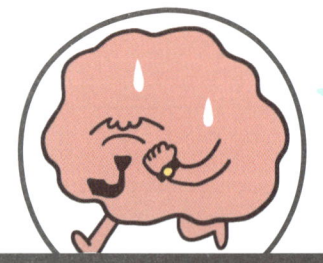

지식은 날리지
Jisik is Knowledge

바쁘다 바빠! 설명해 줄 게 너무 많아!

조회수: 24,504,503회
평균 재생 시간: 5분~10분.
특징: 한 주제를 놓고 관련 책과 저자를 소개하고, 주제에 대한 지식을 고유 그림체를 통해 비유하면서 얘기해 준다. 주로 다루는 것은 사람의 심리다.

구독자 **41.8만** 명

지식은 날리지 채널 바로 가기

 심리라, 나도 심리 좋아하는데. 그렇게 어려운 걸 내가 이해할 수 있을까?

물론이지! 쉽게 이해하려고 알려 주는 채널이니까. 게다가 여기 나오는 그림은 꽤 재밌다고!

특유의 멍청한 그림체로 설명한다

그렇다는 건, 내가 귀엽다는 뜻?

다른 일반적인 지식 유튜버 같은 경우 사진이나 정교한 그림, 영상 같은 걸 첨부하는 편이야. 그렇게 해서 설명의 퀄리티를 올리려고 하지. 하지만 이 채널은 오히려 반대야.
옆에 그림체를 봐. 친숙하고 소탈한, 어떻게 보면 약간 멍청해 보이기까지 한 캐릭터지? 이런 그림체로 설명을 해 주니, 무겁고 어려운 주제라도 어렵지 않게 볼 수 있어. 게다가 자칫 지루할 수 있는 부분은 적절한 밈을 활용하기 때문에 설명이 재밌게 느껴질 거야.

오~ 확실히 기억에 오래 남을 것 같아. 저런 그림체로 설명하는 유튜버가 흔하진 않으니까.

그렇지? 하지만 이 채널에서 주로 다루는 주제는 절대 가볍지 않아. 오히려 무섭지.

조회수 287만 회.

이 채널에서 가장 높은 조회수를 기록하고 있는 영상이야. 이 영상은 마약의 종류인 '펜타닐'이 소재인데, 최근 미국에서 일어나는 마약 중독 사건과 더불어 펜타닐이 유행하게 된 원인, 중독되는 이유 등을 설명하고 있어. 물론 마약은 한 번이라도 해선 안 되는 거지만, 그걸 하게 된다면 어떻게 될지 궁금할 수는 있잖아? 이 영상은 그 과정을 설명하고 있어. 보고 나면 마약에 손도 대기 싫어질걸?

무서운데 그림체가 웃겨서 그나마 덜 무섭다!

그러게... 이제 확실히 마약이 안 좋은 거라는 건 알 수 있겠다.

다양한 동식물의 진화, 그걸 알고 싶다면!
과학드림

지구에는 인류는 물론이고 강아지, 독수리, 고래, 은행나무 등 셀 수 없이 많은 동식물이 저마다의 환경에서 살아가고 있지. 그런데 있잖아. 이런 동식물이 처음부터 이런 모습이었을까? 학교에서 들어 본 적 있을 거야. 우리가 나타나기 전에 몸집이 거대한 공룡이란 게 지구를 지배하고 있었는데, 그런 공룡들이 멸종하면서 그 자리를 포유류가 차지하게 됐다... 뭐 이런 말 있잖아. 도대체 무슨 일이 있었던 걸까?

이번에 얘기할 채널은 생물의 진화, 그리고 우리가 몰랐던 고대 생물들에 대해 알려주는 채널이야. 한때 지구에 살았지만, 우리가 몰랐던 생명체들을 알려주는 채널, [과학드림]이야.

공룡, 저도 좀 아는데요. 티라노사우루스가 최고 아닙니까? 하,하,하!

응~ 그래 봐야 빙하기 때 다 얼어 죽었죠?

과학드림! 간단하게 소개하자면

구독자 수: 99만 명
조회수: 208,285,678회
평균 재생 시간: 5분~10분 내외.
특징: 동식물과 관련된 지식정보를 알려 주는 과학 유튜버. 인류의 진화 과정, 공룡의 멸종, 특이한 환경에 사는 동식물 등 과학적 궁금증을 해결하는 콘텐츠가 주를 이룬다.

과학드림 채널 바로 가기

으... 재밌을 것 같긴 한데, 뭔가 무서워...

한송희 겁쟁이네! 저게 뭐가 무섭냐?

그러니까 말이야! 어차피 다 멸종했는데!

그래? 그럼, 너희가 생각하는 공룡의 모습이 최근 들어 바뀌었다는 걸 알고 있어?

우리보다 더 먼저 살았던 고생물! 그들의 생태를 알려준다!

짜잔! 최근 발표된 새로운 티라노사우루스 모습이야. 어때? 원래 알고 있던 모습이랑 다르지?

> 으악! 뭐야? 저 털북숭이는?! 저건 내가 알던 티라노가 아냐!

공룡 피부에 털이나 깃털이 있었을 거라는 얘기가 최근에 공룡학계에서 나왔거든. 옆에 그림은 그런 주장에 따라 새로 그려졌어. 이렇게 우리가 몰랐던 고생물에 대한 새로운 정보를 알려 주는 데가 어디? 바로 여기 '과힉드림'이란 밀씀!

조회수 1,144만 회.

이 채널에서 가장 많은 조회수를 기록한 영상이야. 제목은 '사람을 먹으면 안 되는 매우 과학적인 이유!'로, 사람이 사람을 먹는 식인 행위에 관해 설명하는 영상이야. 식인종의 기원과 식인 행위의 실제 사례를 얘기하고 있어. 그래도 너무 걱정하지 마. 현재 식인종이 없는 이유도 나오니까. 영상을 보면 알겠지만, 식인하는 집단은 그렇지 않은 집단보다 살아남기 힘들대. 그러니까 안심하라고.

> 시, 식인종이 뭐, 뭐가 무서워? 아, 안 그러냐?

> 그, 그럼! 진짜 어, 어이없네. 참 나!

'만약'으로 시작하는 지구 멸망 시뮬레이션!
고구마머리

너희들 '만약에' 놀이 알아? '만약에 1억을 받게 된다면…', '만약에 좀비 사태가 일어난다면…' 같은 거 말이야. 실제로 일어나는 건 아니지만, '만약'이라는 말을 시작으로 상상해 보는 놀이. 주제만 재미있다면, 그리고 옆에 있는 친구가 나랑 다른 대답을 하면, 친구를 설득하는 걸로 시간이 훌쩍~ 지나가는 놀이지.

이번에 소개할 채널은 이런 '만약에' 놀이를 우리가 사는 별, 지구를 소재로 하는 유튜브 채널이야. '만약에 지구에 산소가 두 배 많으면?', '만약 지구가 반대로 자전한다면?' 같은 질문으로 시작해서, 대부분 지구 멸망으로 결말을 맺는 유튜브 채널. [고구마머리]야.

엥? 뭘 해도 지구가 멸망한다고?

그냥 가정이야. 그런데 보다 보면 재밌을걸?

지구 멸망이 재밌다고?

고구마머리! 간단하게 설명하자면

고구마머리, '만약' 유튜버

조회수: 187,784,251회
평균 재생 시간: 5~10분.
특징: '만약'이라는 가정으로 변화되는 자연환경을 과학 원리와 함께 얘기하는 과학 유튜버. 파격적인 가정이 대부분이라, 지구 멸망 엔딩이 많다. 귀여운 고구마 캐릭터가 채널의 마스코트.

구독자 51.4만 명

고구마머리 채널 바로 가기

도대체 무슨 가정을 하길래 지구가 멸망하는 결말이 나와?

음, '만약 지구가 목성에 빨려 들어가게 된다면?'

아니면, '규모 20.0 지진이 발생한다면?'

…그런 가정은 왜 하는 거야?

 # 우리가 몰랐던 자연의 법칙들

뭐, 애초에 그런 가정을 한다는 게 말이 안 되긴 하지. 하지만 고구마머리가 이렇게 가정을 하는 이유는 그와 관련된 과학 지식을 알려 주기 위해서야. 좀 전에 얘기했던 '지구가 목성에 빨려 들어가게 된다면'을 예로 들면, 이 과정에서 고구마머리는 지구와 목성의 크기 차이, 목성의 구조와 날씨 등을 얘기하고 있어. 결국, 목성에 관해 설명하고 그걸 색다르게 표현한 거지.

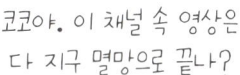

그럼 이런 가정은 어떨까? '바퀴벌레가 이 지구 상에서 사라진다면?' 어때? 생각보다 좋을 것 같지? 여기선 아니라고 해. 바퀴벌레를 마냥 징그럽게 보고 있는 우리와는 달리, 지구의 눈으로 바라보는 바퀴벌레는 꽤 고마운 존재거든. 이게 무슨 말인지 모르겠다고? 바퀴벌레가 생태계에서 중요한 역할을 맡고 있다는 소리야. 왜 그런지 궁금하면 한번 찾아보는 걸 추천해. 이 채널에서 징그럽지 않게 아주 잘 얘기해 주고 있으니까.

조회수 359만 회.

이 채널에서 가장 많은 조회수를 기록하고 있는 영상이야. 제목은 '만약 산소가 두 배라면 지구에 어떤 일이 일어날까?'인데, 제목 그대로 공기 중 산소가 많아지면 벌어지는 일들을 설명하는 영상이야. 줄거리를 살짝 들려주자면, 여기서는 지구가 멸망하진 않아. 하지만! 산소가 많은 게 마냥 좋은 것만은 아니라는 점! 그 이유는 이 영상을 통해 직접 알아보라고!

 모든 건 적당히. 너무 적어도 문제, 너무 많아도 문제가 될 수 있어! 이런 교훈까지 얻을 수 있는 채널, 어때? 수많은 우연이 모여 만들어진 지구의 소중함을 느껴 보라고!

궁금한 게 있다고? 그러면 여기로 와!
사물궁이 잡학지식

코코! 그런데 넌 누가 만든 거야?

나? 갑자기?

그러게? 그걸 물어보지 않고 있었네?

오호~ 갑자기 궁금한 게 생겼다 이거지?

응? 아니, 우리가 알고 싶은 건…

지금처럼 살면서 갑자기 궁금한 게 생길 때 있잖아. 그럴 때 유익한 유튜브 채널을 소개해 줄게.

갑자기 문득, 누구한테 물어봐야 하는지 모르겠는 궁금증! 수학이나 과학 같은 과목 말고, '하늘에 총을 쏘면 일어나는 일'이나, '아침에 일어난 직후 피곤한 이유' 같은 건 어떻게 풀어야 할까? 이번에 얘기할 유튜브 채널은 이런 일상 속 궁금증을 해결해 주는 채널이야. '사소해서 물어보진 못했지만 궁금했던 이야기', 줄여서 '사물궁이 잡학지식'이야!

사물궁이 잡학지식 간단하게 소개하자면!

구독자 **154만 명**

총 조회수: 298,343,266회
평균 재생 시간: 5분 내외.
특징: 지식 해결 유튜브 채널. 누구나 한 번쯤 머릿속에 떠올렸을 법한 궁금증들을 애니메이션으로 쉽고 재밌게 설명한다.

사물궁이 잡학지식 채널 바로 가기

채널 영상 소개를 보면, 궁금증 제보라는 글과 링크가 있을 거야. 그 링크를 누르면 제보 페이지로 넘어가게 되지. 거기에 궁금한 걸 적어서 제출하면 돼. 어때? 쉽지? 아, 그전에 먼저 업로드된 영상에서 궁금증을 찾아보는 게 좋을 거야. 이미 업로드된 영상만 400개가량 되어서 네가 궁금해 하던 게 이미 해결됐을 수도 있으니까.

그건 바로 이거! '아침에 일어난 직후는 왜 이렇게 피곤할까?'라는 제목의 영상으로, 이 채널에서 가장 높은 조회수를 기록하고 있어. 제목 그대로 잠에 대한 궁금증을 해결해 주는 영상으로, 수면에 대한 관련 지식도 알기 쉽게 설명해 주고 있어. 혹시 요즘 잠을 못 자고 있다면 보는 걸 추천해!

일상의 작은 일들이 모여 하나의 뮤지컬이 된다!

티키틱

세상에는 다양한 노래가 있지. 가슴 떨리는 사랑의 첫 순간을 말하는 노래, 현실에 좌절하지 않고 앞으로 나아가는 걸 말하는 노래 등 종류만큼 주제도 다양하지. 대부분 특별한, 새로운 날들에 대한 노래야. 그런데 우리가 살고 있는 평범한 일상을 노래하는 노래는 없는 걸까? 사람이 어떻게 매 순간 심장이 두근거리고, 손에 땀을 쥐며, 미래만 보고 앞으로 나가겠어? 그래서 이번에 소개할 채널은 누구나 살면서 한 번쯤은 겪게 되는 상황이나 생각을 노래로 만드는 채널이야. 소재에서 공감하고, 선율에 감동하고, 여운 가득한 뮤직비디오에 입꼬리가 올라가는 노래들로 가득한 채널. [티키틱]이야.

티키틱! 간단하게 설명하자면

조회수: 197,654,224회
평균 재생 시간: 뮤직비디오 영상은 2분 내외.
특징: 멤버 4명으로 이루어진 크루 티키틱의 채널. 뮤지컬과 단편 영상을 직접 제작해 올린다. 공감되는 소재와 힐링 되는 노래, 영상미 가득한 뮤직비디오로 감동을 주며, 다른 연예인이나 유튜버와 같이 작업하기도 한다.

구독자 **69만 명**

티키틱 채널 바로 가기

잠깐! 너희들! 왜 나 빼고 왔어!

뭐야? 한송희 넌 왜 와?

나도 이 채널 알거든? 구독도 했어.

정말? 송희 너는 이 중에 어떤 노래를 가장 좋아해?

난 이거, '후회의 노래', 처음에는 웃긴 노래라고 생각했거든? 그런데 많은 의미가 담겨 있어서 그런지 찡해지더라고.

조회수 **698만회.**

노래도 노래지만 연출도 마음에 들어. 한 사람이 어제의 본인한테 얘기하는 걸 잘 보여 준 영상인 것 같거든. 이거 보고 나서 그런 생각이 들더라. '난 과거의 나한테 어떤 말을 할까?'

그렇지? 아마 다른 노래도 마찬가지일 거야. 이 채널에서 만드는 노래는 우리 현실에서 충분히 일어날 법한 일들, 그리고 우리가 한 번쯤 상상해 봤던 것들로 노래를 만들거든. 거기에 티키틱 특유의 감성까지 들어가서 한 번 더 재미를 주고 있어.

코코야. 그럼, 저 영상에서 나오는 사람 혼자서 노래도 만들고 촬영도 하고 편집도 하는 거야?

아니야. 저 사람은 '오세진'이라는 티키틱 멤버 중 한 명이야. 티키틱은 4명의 멤버로 이루어진 크루거든. 그 멤버들이 작곡, 디자인, 촬영, 연기, 조명, 편집을 각자 나눠서 하고 있어.

진짜? 그런데 다른 영상에서는 연예인들도 나오고 그러던데?

아~ 그건 일회성으로 그 영상에만 나오는 거야. 안 그런 영상들도 많다고.

조회수 **1,811만회.**

이 채널에서 가장 많은 조회수를 기록하고 있는 영상이야. 지각한 사람이 핑계를 이것저것 대는 걸 노래로 만든 건데, 처음부터 끝까지 배우 혼자 나와서 끊지 않고 찍었더라고. 배우의 연기며 상황에 맞는 연출, 효과음 모두 재밌고 적절하지. 그리고 무엇보다 음악과 가사가 완벽하게 어우러져서 자꾸만 보고 싶은 중독성도 있고 말이야. 정말 짧은 뮤지컬 한 편을 본 기분이라고!

구수한 목소리로 동심을 노래하는 채널
과나

이번에 소개할 채널은 앞서 소개한 티키틱 채널과는 다른 감성을 보여 주는 채널이야. 구수한 목소리로 각종 요리법을 노래하고, 아이 같은 그림체로 동심을 담아내는 채널. [과나] 야.

과나! 간단하게 설명하자면

과나 gwana

조회수: 267,178,587회
평균 재생 시간: 3분 내외.
특징: 요리 레시피나 맞춤법 같은, 다른 곳에서 보기 힘든 소재로 노래를 만들어 올린다. 특유의 구수한 목소리로 트로트, 랩, 록 발라드 등의 노래를 부르는데 그림체와 묘하게 어울린다.

구독자 93.5만 명

과나 채널 바로 가기

 잠깐! 이 채널은 내가 잘 알지!

정석준 네가 이 채널을 어떻게 알아?

 아, 처음엔 먹방 채널인 줄 알고 봤지. 그런데 여기 노래 엄청나게 웃겨!

맞아. 이 채널에서는 요리 레시피를 노래로 만들어. 그럼, 석준이 너는 어떤 노래를 가장 좋아해?

조회수 679만회.

라면 무조건 잘 끓이는 법

나는 이거. '라면 무조건 잘 끓이는 법'이라는 영상인데, 이게 웃기기도 하고, 이거 보고 라면 끓일 때 물 조절 잘하게 됐거든.

 라면 끓이는 법을 노래로 만들어? 생각도 못 했어.

 그뿐만 아니야. 사람들이 남겨 놓은 댓글이나, 살면서 누구나 한번은 겪을 수 있는 문제들로 노래를 만들기도 해. 거기에 과나 특유의 음색과 그림체도 섞어서.

 응? 그림체?

과나 채널에서 나오는 그림들은 과나가 직접 그린다고 해. 어떻게 그게 가능하냐고? 과나는 실제로 미대를 졸업한 미술 전공자거든. 그래서 그런지 몰라도, 과나의 그림은 얼핏 보면 대충 그린 것 같지만, 두 번, 세 번 보다 보면 잘 그린 그림이라는 걸 알 수 있어. 이게 과나의 노래를 한층 더 재밌게 만들어 준다고. 그리고 이렇게 만든 캐릭터가 사람들의 사랑을 받으면서 또 다른 방향으로 발전하기도 했는데, 오른쪽에 있는 '망태 할아버지' 캐릭터가 바로 그 예로 적절한 캐릭터야.

 어? 나 저거 이모티콘으로 본 것 같은데? 저게 과나가 그린 거였어?

 응. 어때? 이제 과나 채널을 봐야 할 이유가 하나 더 생겼지?

조회수 888만회.

맞춤법 절대 안 틀리는 노래

이 채널에서 가장 많은 조회수를 기록한 영상으로, 섬네일에서 알 수 있듯 우리가 자주 틀리는 맞춤법을 노래로 알려 주는 노래야. 일단 과나의 랩 실력에 한번 놀라고, 우리가 모르고 지나갔던 맞춤법이 이렇게 많았다는 걸 보고 한번 더 놀라게 될 거야. 흥겹게 어깨 들썩 거리면서 맞춤법 공부도 할 수 있는 노래. 한 번쯤 들어 보는 걸 추천해.

 자, 그러면 다음 채널을 소개해 볼까?

저세상 텐션의 오토튠 대잔치! 빨간내복야코

빨간내복야코! 간단하게 설명하자면

구독자 수: 82.6만 명
조회수: 651,664,274회
평균 재생 시간: 1~2분 내외. (모음집 제외)
특징: 사람 목소리를 오토튠으로 교정해 노래를 부른다. 기본적으로 노래 자체가 신나서 아무 생각 없이 듣기 좋다.

빨간내복야코 채널 바로 가기

오토튠? 그게 뭐야?

원래는 가수의 음정을 교정하기 위해 만들어진 프로그램이야. 그런데 오토튠으로 교정된 음정이 특이하게 바뀌는 걸 보고, 지금은 그 음색을 내기 위한 목적으로 주로 쓰고 있다고 해. 이걸로 음정을 바꾸면, 뭔가 로봇이 내는 소리처럼 바뀐다고나 할까?

아~ 그러고 보니까, 나 여기서 노래 들어 본 것 같아.

진짜? 어떤 노래를 들어 봤어?

이거다! '아싸라비아 콜롬비아'! 처음에 친구들이 들려 주길래 그냥 들었는데, 되게 신나고 웃겼어. 친구 놀릴 때도 틀고, 애들이 춤출 때도 이걸 틀었던 것 같아. 그런데 아싸라비아 콜롬비아가 정확히 무슨 뜻이야?

조회수 735만회.

그냥 감탄사라고 생각하면 돼.

이미 들어 봤다면 이 채널의 노래가 어떤 느낌인지 알 수 있겠지? 빨간내복 야코에서 만드는 노래는 엄청 다양한데, 기본적으로 다 밝고 신나는 편이야. 그리고 영상에 나오는 등장인물들도 귀여운 그림체와 오토튠 가득 넣은 목소리로 사람들의 귀여움을 받고 있지. 노래에서 말하는 주제도 가볍게 웃어넘길 수 있거나 틱톡이나 유튜브 쇼츠에서 나올법한 것들이 많아. 아마 너도 유튜브 쇼츠를 보면서 여기서 만든 노래를 들어 본 적 있을걸?

 이 캐릭터가 주인공 야코야.

오~ 저것도 어디서 본 것 같은데?

그래? 혹시 카톡 이모티콘으로 보지 않았어?

조회수 1,081만회.

이 채널에서 모음집을 제외하고 가장 많은 조회수를 기록한 영상은 바로 이 '당신의 아침을 깨우는 알람 송' 영상이야. 야코에게는 츄리라는 친구가 있는데, 그 친구가 늦잠 자는 걸 직접 찾아가서 깨워 주는 내용의 노래야. 혹시 주변에 늦잠 자는 친구가 있어? 그럼, 이 노래를 들려 줘 봐. 아, 혹시 네가 늦잠을 자는 친구라면, 꼭 들어 봐. 알겠지?

자, 이렇게 유튜브에서 노래를 올리는 채널들을 알아봤어. 지균이 넌 이 중에 어떤 채널이 가장 마음에 들어?

 다 다르게 좋아서, 그냥 다 들어 보고 싶어. 고마워. 이런 채널들을 알려 줘서.

별말씀을. 그럼 또 궁금한 유튜브 채널이 있다면 언제든지 물어보라고!

중간평가

자, 지금까지 봤던 유튜브 채널들, 기억하고 있어? 잘 기억하는지 한번 볼까?

1

다음 그림을 보고, 해당 그림과 가장 연관된 ASMR 채널을 짝지어 주세요.

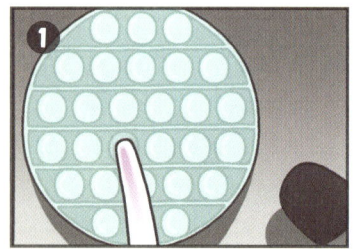

ⓐ Jane ASMR　　　ⓑ 꿀꿀선아　　　ⓒ Vito ASMR

2

송희가 설명하고 있는 유튜브 채널은 무엇일까요?

이 채널은 유튜브를 통해 음악을 만드는 채널 중 하나로, 누구나 살면서 한 번쯤 겪을 만한 상황이나 생각을 노래로 만드는 채널이야.

멤버 4명이 노래부터 뮤직비디오 연기, 촬영, 조명, 연출까지 담당하고 있지.

일상에서 쉽게 볼 법한 소재 활용과 채널 특유의 감성이 사람들의 공감을 불러일으켰어.

또한 다른 유튜버, 연예인들과도 같이 노래를 만들어 더욱 널리 알려진 채널이라고 해.

① 1-c/2-b/3-a ② 터미넘

3

다음은 아이들이 서로 즐겨 듣는다는 노래를 표현한 그림입니다. 다음 그림을 보고 빈칸을 채워 보세요.

석준은 누군가를 놀릴 때 쓴다는 '☐'의 노래 '아싸라비아 콜롬비아'를 표현한 거고, 지균은 과거의 자신에게 말한다는 '☐'의 '☐의 노래', 송희는 라면 잘 끓이게 해준다는 '☐'의 '☐ 무조건 잘 끓이는 법'을 표현한 거야.

4

다음 그림은 어떤 유튜브 채널에서 영상을 위해 음식 재료를 사 온 것입니다. 어떤 채널의 음식 재료일까요?

③ 불닭가가온편, 티키타, 총몸늘, 과거 라거, 라면 ④ 이영지

125

5

다음 송희와 지균의 대화입니다. 빈칸에 들어갈 송희가 본 채널의 이름은 무엇일까요?

 헉! 세상에는 사람을 먹는 식인종이 있대.

그걸 믿냐? 식인 행위는 있었지만, 식인종은 없어!

 네가 그걸 어떻게 알아? 다큐멘터리 봤어?

다큐멘터리가 아니라, 유튜브 채널에서 봤지. 아까 코코가 설명해 줬잖아! _____ 채널!

6

오른쪽 그림에서, 채널 '고구마머리'의 마스코트로 알맞은 것은?

7

다음 지균의 말을 읽어 보고, 지균이한테 추천해 줄 잡학지식 채널을 빈칸에 적어 보세요.

솔직히 아까 좀 기분 나빴어. 내가 무슨 말만 하면 송희랑 석준이 둘이 뭐라고 하고, 내 말은 제대로 들어 주지 않는 것 같아. 어떻게 하면 무시당하지 않을까? _____

그나저나, 좀 피곤한데? 어제 잠 충분히 잔 것 같은데? 왜 잠을 자도 피곤한 건 사라지지 않지? _____

맞다! 어디서 봤는데, 뇌에 산소가 부족하면 두통이 생긴다고 했어! 그러면 산소를 많이 마시면 되겠네. 아예 지구상에 산소가 많았으면 좋겠다. 한 2배 정도? _____

8

다음은 어떤 유튜브 채널의 그림체입니다. 이 그림체를 보고 채널을 바르게 설명한 문장을 보기 중에서 골라 주세요.

❶ 이 채널은 그림 속 주인공을 중심으로 재밌는 실험 콘텐츠를 그리고 있다.
❷ 이 채널의 주요 콘텐츠는 노래다.
❸ 그림 속 주인공은 내레이션에 시비를 걸고 다니는 채널 고유의 마스코트다.
❹ 이 채널은 자칫 어렵고 무거울 수 있는 주제를 쉽고 재밌게 설명해 주는 지식 채널이다.
❺ 이 채널은 ASMR 소리를 들려주기 때문에, 영상을 보려면 항상 이어폰을 착용해야 한다.

9

설명하고 있는 채널의 이름은 _____ 이다.

· 사람과 사람 사이에서 겪을 수 있는 문제를 얘기하고, 그 해결법을 책에서 찾는 식으로 영상을 만든다.
· 채널 이름은 이 채널의 영상을 보다 보면 듣게 될 말이다.
· 지식과 깊은 관련이 있는 채널로, 학교에서 가르쳐 주지 않는 사회심리나 책을 소개해 주는 채널이다.
· 채널 마스코트는 판다를 이용한 캐릭터이다.

10

다음 코코가 설명하고 있는 '사물궁이'의 뜻은 무엇일까요?

채널 '사물궁이 잡학지식' 속 '사물궁이'는
'사___물___ 못했지만 궁___ 이___'의
줄임말이야!

· 이 책은 유튜브 채널에 존재하는 유튜버들과 그 저작물에 대한 소개와 함께 장점을 분석하여 저술한 책입니다.
· 이 책에서 소개하는 각 유튜브 채널의 조회수, 구독자 수는 2023년 9월을 기준으로 하였으며, 실제 조회수, 구독자 수와 차이가 있을 수 있습니다.
· 각 유튜브 채널 속 콘텐츠를 향유하려는 분은 실제 유튜브 채널을 방문해주시기 바랍니다.

유튜브 가이드북

1판 1쇄   2023년 10월 1일

저　　자   Mr. Sun 어학연구소
펴 낸 곳   OLD STAIRS
출판 등록   2008년 1월 10일 제313-2010-284호
이 메 일   oldstairs@daum.net

가격은 뒷면 표지 참조
979-11-7079-008-2

이 책의 전부 또는 일부를 재사용하려면 반드시 OLD STAIRS의 동의를 받아야 합니다.
잘못 만들어진 책은 구매하신 서점에서 교환하여 드립니다.

공통안전기준 표시사항

· **품명** : 도서　　· **재질** : 지류
· **제조자명** : Oldstairs　　· **제조국명** : 대한민국
· **제조연월** : 2023년 10월
· **주소** : 서울특별시 마포구 양화로12길 24, 4층
· **KC인증유형** : 공급자적합성확인

KC마크는 이 제품이 공통안전기준에 적합하였음을 의미합니다.
책 모서리에 찍히거나 책장에 베이지 않게 조심하세요.